U0909605

顾申 / 主编
北京大陆桥文化传媒 / 编译

相扑

SUMO

如同日本社会的其他现象，明治维新之后，相扑也不可避免地经历了一场大变革。当时的相扑活动受“西风”影响曾一度不景气，这种现象直到中日甲午战争之后方慢慢转好。

相扑所承载的传统文化内涵远远大于体育竞技意义，很多外国观众都把它看作象征日本民族性格的一个独特人文景观。但是，时下相扑界面临着日益明显的文化碰撞。本来，日本壮汉一直是这个洒满汗水的赛场的主角，但外国选手现在已有取而代之之势，这令怀旧的日本国民伤心失落。

青岛出版社 QINGDAO PUBLISHING HOUSE | 国家一级出版社 全国百佳图书出版单位

图书在版编目（CIP）数据

相扑 / 北京大陆桥文化传媒编译. -- 青岛 : 青岛出版社, 2010.12
（认知日本系列 / 顾申主编 ; 4）
ISBN 978-7-5436-6788-4

Ⅰ. ①相… Ⅱ. ①北… Ⅲ. ①相扑 - 简介 - 日本
Ⅳ. ①G886.6

中国版本图书馆CIP数据核字(2010)第227672号

相扑（认知日本系列）

主　　编	顾申
编　　译	北京大陆桥文化传媒
出版发行	青岛出版社
社　　址	青岛市徐州路77号（266071）
邮购电话	0532 - 80998664　13335059110
传　　真	0532 - 85814750
本社网址	http:// www.qdpub.com
总 策 划	孟鸣飞
责任编辑	杨成舜　E-mail：ycsjy@163.com
封面设计	毛增　QQ：506243214
内文设计	青岛出版设计中心
制　　版	青岛艺鑫制版有限公司
印　　刷	青岛海尔丰彩印刷有限公司
出版日期	2011年1月第1版　2011年1月第1次印刷
开　　本	16开（720 mm × 1020 mm）
印　　张	16.75
字　　数	220千
书　　号	ISBN 978-7-5436-6788-4
定　　价	29.00

编校质量、盗版监督免费服务电话　8009186216
（青岛版图书售出后如发现印装质量问题，请寄回青岛出版社印刷物资处调换。
电话：0532-80998826）

前言

日出之国

公元607年，日本摄政的圣德太子派遣小野妹子为使节访问隋朝，从此拉开了中日两国大规模文化交流的序幕。圣德太子在给隋炀帝的国书中写道：日出之国天子致日落之国天子。通常认为，这便是日本国名的雏形，直到7世纪后半叶，日本遣唐使将其国名改为“日本”，即“太阳升起的地方”，成为其正式国名，并一直沿用至今。

日出之国天子致日落之国天子。这个表述不仅让隋炀帝不爽，我堂堂“中央之国”怎么就变成了“日落的地方”？就是在今天的中国人看来，多少也有些不舒服，毕竟日落虽美，却有几分凄凉。经历了一百多年“日落”历史之后的中国，又多了几分额外的敏感。其实这个表述无外乎是日本追求与中国平等交往的一个夙愿，是否也有淡化“倭国”的意愿，就不得而知了。

其实从中日两国的位置而看，就算日本是“日出之国”，日落也远远不会在中国出现，它应该还要往西，一直到另外一个岛国——大西洋上的不列颠王国。而有趣的是，不列颠王国却称自己为“日不落帝国”。

有人说“日不落帝国”已经是落日了，其实不然，你还要向西看，在美洲大陆，还有着一个盎克鲁萨克逊的传人，说着英语的美利坚合众国。或许有人说，金融危机后的美国也要“日落”了，其实还不然，主宰着世界金融体系的“盎克鲁萨克逊家族”，依然掌握着最多的话语权。要看日落，还要向西。在花旗国太平洋的对岸，从上世纪90年代开始，随着“泡沫经济”的崩溃，“日出之国”正在经历着“失去的20年”。从日出到日落，日本正在经历着一个轮回。

从日出到日落，上面的文字转了地球一圈，牵出了四个国家——中日和英美。如果说世界上的大国，有哪两个结成对子后最相像，恐怕也只有中日和英美了。中美都是世界上举足轻重的大陆国家，日英都是世界上有影响力的岛国；中日都写汉字，英美都说英语；中日都是儒学与佛教之国，英美都是基督教国家；中国击退了日本的侵略，美国摆脱了英国的殖民统治，等等。

中日和英美这两对“组合”虽然有很多相同，但却有着致命的不同。英美是世界上最牢固的同盟，他们左右着世界格局，建立着包括金融秩序在内的众多国际秩序；他们是西方的代表。中日虽然“一衣带水”，却纷争不断；他们关系脆弱，相互猜疑；他们的“中日友好”，听上去很美，看起来遥远，摸起来什么都不是；他们各自代表着东方。

长期以来，我一直有一个困惑：中日为什么不能结束纷争，而像英美那样结成同盟呢？作为世界上第二和第三经济强国，以及有影响力的地区大国，中日的联合不是能给自身甚至整个东方

PREFACE

赢得更多的话语权吗？经过观察，我发现，虽然中日两国的交往有两千年的历史，然而对于现代的中国人与日本人而言，双方的了解却十分有限，彼此都用“过时”、“固有”的眼光看待着对方。“中日友好”大多是官方层面的“秀”，民间了解与沟通的渠道十分有限。这直接导致两国官方努力了数十年的“友好成果”，会往往因为一些细小的摩擦而灰飞烟灭。毕竟两国政府谁也无法忽视来自民间的怒火，哪怕这些怒火有时候是非理性和不成熟的。

从中国的角度看，中国的年轻人提起日本，无外乎“侵略者”、“动漫”、“AV女郎”等等少数几个刻板的印象。中国方面对于日本的研究以及出版与日本有关的图书，都远远不及对欧美那么热衷。日本作为中国的邻居，作为一个特点鲜明，并有着巨大成功经验和惨痛失败教训的国家，无论今后是中国的同盟，还是朋友，抑或是对手甚至敌人，都需要中国人特别是中国的年轻人去深入地了解。这也是我们编撰这套丛书的初衷。

本套丛书的整体构思来自美国人类学家露丝·本尼迪克特的名著《菊与刀——日本文化的类型》。为了管理二战后的日本，美国政府委托本尼迪克特做一份日本社会和日本国民性的调查分析报告。虽然有人对这本书内容的合理性存在质疑，但自1946年正式出版以来，《菊与刀——日本文化的类型》一书便在美国和日本引起强烈反响，先后印了几十次。

本尼迪克特用“菊”与“刀”来揭示日本人的矛盾性格，即日本文化的双重性。“日本人生性好斗又谦恭温和，崇奉军国主义的穷兵黩武却又同时具有耽美特征，桀骜不驯而又彬彬有礼，冥顽不灵又顺从灵活，忠诚守信时又出尔反尔，勇敢而怯弱，保守而尚新，如此这般。”这段惟妙惟肖的描述，准确地把握了日本人的性格特征。

“菊”代表文，“刀”代表武。“认知日本系列”丛书第一辑正是从这两个方面展开，尽可能地向读者展示一个全面、真实的日本。虽然我们的能力有限，但也愿意为中日的文化交流尽一些微薄之力。在《武士》与《忍者》相继出版之后，本次又出版了《相扑》《艺伎》和《浮世绘》。但愿本套丛书能成为我们的序幕，今后能有更多的相关书籍奉献给读者。

最后，感谢青岛出版集团的董事长孟鸣飞先生和责任编辑杨成舜先生，没有他们的鼓励与帮助，就没有这套书的问世。

顾　申

2010年12月于京

相扑

目录 CONTENTS

相扑

目录 CONTENTS

第一章
从角抵到相扑

□ 安政六年（公元 1859 年）二月的相扑绘画

第一章

从角抵到相扑

相扑在中国古代被称为“角力”、“角抵”、“手搏”等，比较类似于今天的摔跤。它历史悠久，可以追溯到没有文字记载的远古。现今流传的故事——黄帝和蚩尤涿鹿之战中就隐隐提到了“角抵”。传说在4600多年前，黄帝的部落与蚩尤的部落在涿鹿（今河北涿鹿县）展开生死大战。蚩尤头部长着犄角，耳鬓仿佛剑戟，他用“角抵”之术对付黄帝，锐不可当。这个传说带着浓厚的神话色彩。然而却不难看出“角抵”一词最初带有的武力色彩。它显然起源于原始部落为了争夺地盘而进行的争斗。中国古代北方农村中还流行一种“蚩尤戏”。百姓们头戴牛角，三三两两互相抵斗。这种民

□ 中国苗族蚩尤戏　苗区有一种“恰相”（汉语即赶伤亡鬼）的仪式，事先由苗巫装扮成蚩尤，头上倒戴生铁制作的三脚（炊具），面部涂黑锅烟灰，身穿红色法衣，右手握巫刀，左手持簸箕。然后表演蚩尤驱鬼的全过程。这是苗区延续至今的祭祀仪式剧。

间竞技便是为了纪念蚩尤而举行的。在日本神话时代，相扑是天皇让位时的“比力”竞技；圣武天皇年间，相扑逐步发展成用于卜问农业丰歉的占卜方法；弘仁元年，相扑成为宫廷祭祀活动的一部分；室町时代，相扑演变为武士锻炼课程的必要组成成分。从公元17世纪开始，劝进相扑在日本各地兴起，并逐步发展成现代相扑。正因为这样悠久的历史，进入公元20世纪之后，相扑逐渐成为日本国技，在日本国内的地位不可替代。

巨人游戏

一、“国技”

成书于奈良时期（公元712年）的《古事记》是日本最早一部较完整的历史和文学著作。其中就有一段关于“建御名方神”和“建御雷神”进行相扑的神话。可见日本相扑历史可以追溯到迷信神话时代。

相传天孙降临时，要把出云国交给高天原系（指天上，即太阳这种最高神所居住的理想世界）建御雷神所有，天国主神

□《古事记》中的日本武尊像　日本武尊，《古事记》作倭建命，《风土记》作倭武天皇，本名小碓日本武尊尊，另有日本武、大和武等称号，日本神话人物，传说其力大无穷，善用智谋，于景行天皇期间东征西讨，为大和王权开疆扩土。最后虽英年早逝，而无继承皇位，但子嗣为今日天皇之直系祖先。

之子建御名方神提出异议，认为这样不公平，应当通过力气较量的方式决定皇位继承者。于是两人就在出云国稻佐一个叫小滨的地方，进行一场相扑。“比力”这段关于“建御名方神”和“建御雷神”进行相扑比力的神话最早见于《古事记》。

同样，在《日本书纪》中也记载了一个关于“野见宿祢”和“当麻蹶速”比赛相扑（角力）的传说。据说在垂仁天皇七年（公元前23年）7月7日的那一天，相扑力士野见宿祢和当麻蹶速在垂仁天皇面前以相扑比赛的方式来争夺日本第一。开始的时候，战况激烈，双方各举足相蹶，最后野见一脚踢断当麻的肋骨，致使当麻现场死亡，天皇于是将当麻的领地赐给野见。据说这就是相扑的起源，而野见更是在日本相扑界被当做相扑始祖来崇拜。

神话可以超越时空。作为人类的一种基础活动，神话蕴含着原始人的宗教信仰、生活思想和社会意识，它是古人思想的产物，规定了被人类社会所承认的行为，同时，它又反过来限定了古人的思考。这样看来，神话相扑并不是突然产生在某个时代，它是被当时的社会所承认和理解，是古代人长期思考的产物。在古代，相扑是一种死斗，作为获胜的一方可以获得领地和荣耀，因此，在看到这种格斗残酷性的同时，还应当看到它在现实社会领域的力量。

神话作为一种超验艺术，不可避免地集中了集体社会生活中所期待的共通意识。从这方面看来，不能简单地把神话相扑看做一种野蛮的格斗方式。在古代，这种行为其实是神的意志。作为古人信仰的基础，格斗行为本身也是一种实现集团社会要求的途径。在古人心中，格斗的过程就是祭祀的过程，而且正是因为与国家祭祀活动的这种相关性，才使得相扑这种角力行为具有了崇高性，使勇士甘愿为之舍身一搏。这种神话相扑作为后世相扑的起源，从而具有了及其重要的存在价值。

现代相扑界仍可以看到神话相扑的影子。像《古事记》中记载的一些相扑用语便流传至今，如在建御雷神和建御名方神比赛相扑的这段记载中，“手”这个名词和“取”这个动词至今仍在使用。“手取り”（指相扑技艺非常巧妙的人），“決め手”（决定胜负的招数），“決まり手”（决定胜负的一招），“四十八手”（相扑技法）等等。还有，如“相撲を取る”（打相扑），“関取”（相扑级别），“相撲手”（相扑力士），“組む”（扭住），“取直し”（相扑重新开始）等。

□ 相扑力士野见宿祢和当麻蹶速比武图

□《日本创世之神像》　图中所绘为日本神话中至关重要的两位创造之神。

1. **“神的行事”**

1700多年以前，神事相扑曾在日本民间风行。顾名思义，神事相扑指的是为了祭祀诸神而进行的力气较量。在当时百姓们心里，神事相扑获胜者都是神的宠儿，可以给自己故乡带来丰裕和幸福。这种相扑当然被理所当然地视为“神的行事”，从而披上一层浓厚的宗教传奇色彩。那时候的相扑自然与神社佛阁脱不了关系，每当各地举行祭祀活动，总会进行相扑比赛。让我们不妨还原一下当时“祭谷神”的场面。装扮十分漂亮的牛一路行来，十分神气，只见牛背上驮着用金银装饰的花鞍，花鞍上面插着许多五颜六色的小旗，随风飘扬，在这些旗子衬托下，那牛仿佛成了童话里才有的“神牛”。当成堆的稻草被点燃后，四周便响起了人们虔诚的祈祷声和激昂的鼓乐声。成堆的稻草被点燃，聚拢在一起的人们开始祈祷，一时间祈祷声和鼓乐声响成一片。漫天火光中，只见“神牛”拉犁，姑娘们插秧。带着假面具装扮成各种“鬼神”的孩子们手舞足蹈，追逐玩乐。妇女们高梳头髻，佩戴花冠，身着和服，脚踏木屐，翩翩起舞。就在此起彼伏的呼喊声中，相扑力士们上场了。大汉们膘肥体壮，赤膊上阵，他们头束髻角，袒胸露背，膀大腰圆，在用土草袋子构筑的圈子里两两角力。他们有的用一只手将对手提起，动作粗犷有力；有的一起倒在地上翻滚，仿佛野兽搏斗，

□ 日本当代祭祀活动　日本的祭祀活动很多，一年中每一个月份都有各种各样的祭祀活动在全国各地举行，男女老少，载歌载舞，场面十分热闹。

气氛紧张激烈，一时喝彩声不绝。这种在祭谷神盛会上点缀的精彩角逐，正是人们心中美好愿望的反映。希望可以用美丽的舞姿和相扑力士的英勇来震慑住鬼怪，从而祈求来年风调雨顺，五谷丰登，生活美满幸福。

2. “天使在人间”

民间神事相扑同时具有占卜意义，古人也通过角斗中某一方的输赢来预测农业生产中的吉凶丰歉。后来，经过一系列的改革，这种代表农耕礼仪的相扑逐渐成为朝廷中一项隆重礼仪活动，从而由民间走入了皇宫。据相关史籍记载，皇极天皇元年（公元642年）7月，为招待百济（古代的朝鲜）使者，曾召集宫廷卫士进行专门的相扑表演。77年后，即元正天皇养老三年（公元719年），在宫廷中设立“拔出司”，又称相扑司，专门管理相扑活动。这个机构分为左右两府，“以左府领之为左方，以右府领之为右方”。一般在正式去宫内参加竞技比赛之前，都会先举行预赛，先由左方人员相互比试，然后由右方人员相互比试，从而选出决赛选手，最后由天皇裁决胜负。也就是从那时起，宫中开始制定关于相扑的一系列制度。所谓“节会相扑”，其实也具有占卜的意义。那些参加的力士都是来自全国，他们恃力自傲，在宫廷的庭院中互相角逐，最后根据东、西日本两方面相扑的胜负情况来判断当年稻米和小麦的收成。

神龟三年（公元726年），圣武天皇在宫内组织了第一次“节会相扑”（即相扑节），以此来向神明祈求风调雨顺，五谷丰登。而这一年，果然获得了农业上的丰收。神龟五年（公元728年），天皇下令诸国郡司选派优秀相扑力士进宫。圣武天皇天平六年（公元734年）7月7日“天皇观看相扑戏”。自桓武天皇延历十二年（公元793年）7月，天皇每年观看相扑表演成为惯例。自此，以朝廷为中心的相扑热兴起。

□ 平安神宫　平安神宫是公元 1895（明治 28）年为纪念日本古都平安迁都 1100 周年，根据前平安京朝堂院建筑缩小而重建的。平安神宫祭奉桓武天皇和孝明天皇。红柱碧瓦，采用了左右对称的建筑格局。正殿里的神苑是日本池泉回游式庭园的代表杰作。

一直到平安时期的承安四年（公元 1174 年），每年都要举行国家相扑节会。这一时期，宫廷中的重要祭祀活动，除了每年 7 月召开的节会相扑外，还有正月的射礼，5 月的骑射，这三个盛会在日本被统称为“三度节”。

因为长期受宫廷的影响，在这种基础上盛行的节会相扑，逐渐有了一些比赛规则，制定了“禁手”，从而使相扑离竞技化体育又近了一步。

当然，这种竞技化倾向除了节会相扑本身的严肃性使然之外，也不能忽略日本民族的自然信仰以及其所接受的外来思想的影响。日本是世界上最善待动物的国家，这源于他们对自然的信仰。他们认为鸟兽等动物死后

不能再生，而植物（谷物）在秋冬枯死后还能再生。这种朴素的农耕信仰同时也体现在当时日本宫廷制定的一系列制度里，例如文武天皇三年（公元699年），颁布了禁止在山背贺茂祭日举办骑射活动的命令，而元正天皇养老五年（公元721年），则下令禁止杀害鸟兽。

同时，受中国儒释思想的影响，这一时期，日本形成了禁止格斗杀生的民族感情。中国当时正处在从南北朝向隋唐过渡的时代，正是佛教全盛时期，在这期间，佛教、儒教相互融合，儒释精神深入人心。当时驻中国的日本遣隋使、遣唐使深受这种儒释思想的洗礼——回国后进谏，天皇随之颁布了一系列禁止杀生的命令，在民众中引起了强烈反响。

这正是相扑"禁手"被制定的背景。圣武天皇神龟三年（公元726年），近江国力士志贺清林奉旨对相扑进行改革，制定四十八种技艺，废除了"捅"、"打"、"踢"等极其野蛮的厮斗方式。这样，相扑便彻底脱离了能致人死伤的决斗性，而彻底演变为一种竞技性运动。

相扑作为一种竞技运动项目从此广泛流传起来。相扑成为供天皇及宫廷大臣们观赏享受的一种娱乐，宫中供养了大批民间角斗名手，按战绩赐予称号。同时，它也深入民心，成为广大民众喜爱的一项竞技活动。

□ 当代贺茂祭照片　葵祭为京都三大祭典（葵祭、祇园祭、时代祭）之一，每年5月15日举行。祭典由京都御所出发，经过贺茂御祖神社，最后到达上贺茂神社，参与祭典的人们皆着平安时代的服饰。开始被称为贺茂祭，后来由于祭典队伍皆用葵花与葵叶装饰而改名为葵祭。

□武士画像　武士效忠自己的领主，为争夺控制日本的权力而战，前后达 400 年之久。

3. 战斗“工具”

到了镰仓时代，大约从保元年间（公元 1156 年）开始，随着国家政权从贵族阶层向武士阶层的转移，节会相扑也逐步走向消亡，代之以武家相扑的兴起。在那个时代，武士势力逐步崛起，习武之风弥漫整个日本。作为武士的必修科目，涌现出一批赫赫有名的相扑大力士，他们成了日本正规武士的代表。

冷兵器时代，战争中的武士难免会失掉或折断自己的枪和武士刀，而掌握徒手搏斗的相扑技术对于每一个武士来说便成为当务之急。所以武家相扑，不再像神事相扑、节会相扑那样作为一种宗教仪式出现。它成为一种可以在战场上发挥实际作用的武技，而广泛盛行于武士中间。后来，战场上战斗形式发生改变，作为武技的相扑逐渐演变，发展成强身健体的运动方式，重点在于掌握技法。“取手”和“捕手”作为其中的两种技法而备受重视。相扑的体能培养和训练也被重视起来。

4. 只为娱乐

大约从公元 1556 年开始，日本走上了西学之路。公元 1576 年，日本引进了西方的火炮技术，相扑作为训练武士的手段失去了价值。为了生存，相扑开始寻找新的土壤，劝进相扑开始崭露头角。劝进相扑大致兴起于室町时代的永禄年间（公元 1560 年～公元 1568 年），兴盛于江户时代。正保二年（公元 1645 年）6 月，劝进相扑在京都、大阪一带风行。这种相扑向群众开放，并收取参观费，后来这种形式发展到东京。“劝进”的意思就是指化缘。从前修建神庙、佛阁或是新建道路、桥梁等的时候，力士们常常为了筹资而到各地进行相扑表演，所以劝进相扑有时也被称为捐赠相扑。明历年间江户发生大火之后，力士们便进行了相扑表演，以此向安葬

无缘佛的回合院捐赠回合钱（佛教用语，即为死者祈祷、作佛事的钱）。

在公元17世纪末，出现大量以相扑为职业的力士。那时候很多大名都爱好相扑。于是他们家中供养了许多身强力壮的力士，这些力士都根据体重、技艺被分别取上武号。他们受雇于大名，在相扑场上为大名的荣誉而战。

这个时期的职业军人被分为“武士”、“旗本”、“御家人”。在他们中，相扑已经成了司空见惯的活动并形成了技术高超、各有特色的流派。各个流派广招门徒传授技艺，促进了职业性相扑的发展。相扑场（日本人称之为“土俵’）也应运而生，观赏的趣味性大大加强。有了土俵之后，就有了利用土俵判定胜负的方法，那时规定“被推出土俵者输”，“先触地者为败方”。这些都给相扑带来巨大的变革，使这一运动走向职业化，并且很大程度上提高了搏击水平。久而久之，举办、观看、享受相扑成了一种乐趣，相扑作为一种娱乐活动最终走向大众化，并形成了相扑市场。

随着相扑这种职业化的发展，劝进相扑的募捐意义逐渐消失，开始成为力士们的一种谋生手段。但这种以赢利为目的表演无论在何时何地都是不被允许的，所以，劝进相扑屡遭取缔。后来力士相扑集团以严格遵守寺社奉行为前提，制定了一系列的制度，重重禁令才被解除。这个集团同时创立了相扑会所（它是现在日本相扑协会的前身）。职业性劝进相扑以江户为中心，在日本蔚然成风，为现代相扑的产生打下了坚实的基础。

公元19世纪中叶，美国人柯林斯去日本旅行归来，完成了《阿穆河纪行》一书。书中就有公元1857年他在函馆目睹相扑力士表演的情景。那时的相扑场通常用木板围起四周，顶上有布盖住，沿着场地四周有一圈，离地数尺高，专供贵族使用。包厢里供应茶、水果、米糕等，以便于贵族一边欣赏一边品茗进餐。平民们则在场地中央一个高出地面的土台四周围坐。表演前，相扑力士从后台走出，他们束发梳髻，坦胸露乳，只在跨裆处兜

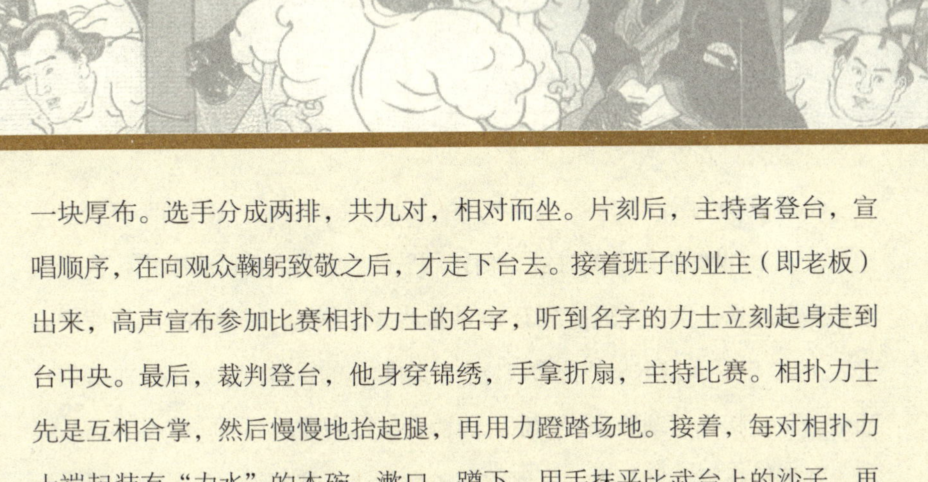

一块厚布。选手分成两排，共九对，相对而坐。片刻后，主持者登台，宣唱顺序，在向观众鞠躬致敬之后，才走下台去。接着班子的业主（即老板）出来，高声宣布参加比赛相扑力士的名字，听到名字的力士立刻起身走到台中央。最后，裁判登台，他身穿锦绣，手拿折扇，主持比赛。相扑力士先是互相合掌，然后慢慢地抬起腿，再用力蹬踏场地。接着，每对相扑力士端起装有“力水”的木碗，漱口，蹲下，用手抹平比武台上的沙子，再用沾满沙子的手，摩擦身体和胳肢窝处，并从挂在角柱上的小袋里抓一把盐撒在台上。之后，两人半蹲半立，以这种姿势对峙着，待角斗开始的信号响起，就仿佛猛虎出山，直冲向对方。他们喉头发出一阵阵低沉的咆哮声，使出全身气力，用撞、拉、甩、绊等各种“扑法”企图战胜对方。激烈的搏斗之后，胜利者会将对方摔出比武台。这时候裁判举起扇子，比赛到此结束。胜利者下台前要将双手按在膝上向观众鞠躬。表演时士兵要佩带双剑在一旁维持秩序。

据日本相扑博物馆资料记载，像函馆这样的相扑场，在当时交通便利商业繁华的地区十分兴隆。每个相扑场都有许多人去观看，可见，相扑在当时已成为深受国民喜爱的消遣活动。

5. 现代竞技

如同日本社会的其他现象，明治维新之后，相扑也不可避免地经历了一场大变革。当时的相扑活动受“西风”影响曾一度不景气，这种现象直到中日甲午战争之后方慢慢转好。相扑大师们从来没放弃过继承前辈衣钵的努力，力求使相扑能保持传统。当时的相扑已经逐步演变为面向大众的体育形式。今天，日本已形成职业相扑和业余相扑并存的局面。

6. 重获新生

公元 20 世纪刚开始的时候，相扑几乎被当做日本的国技推崇，从而大规模开展起来。第一座国技馆于 1909 年落成于东京，专供相扑比赛使用。公元 1925 年，大日本相扑协会成立，它由原来的日本东、西相扑协会合并而成。从此相扑运动结束了原东、西协会各自为政的局面，获得了统一领导，并很快蓬勃发展起来，出现了很多如梅谷、常陆山、太刀山、枥木山等有名的相扑力士。作为日本民族独特的技艺，相扑逐步走向成熟。并逐渐成为日本人崇尚和喜爱的职业性竞技。昭和初年，随着国粹主义的盛行，相扑运动迎来二战前的“黄金时代”。甚至在公元 1941 年正式定为学校体育课的科目。相扑在日本的国技地位进一步被确定下来。随着二战的结束，相扑运动又迎来了崭新的发展机遇。东京、大阪、福冈、名古屋等地相继建立了相扑场。自公元 1958 年开始，相扑比赛每年 6 赛、每赛制 11 天，已经初步具有了现代相扑的雏形。公元 1965 年，门派“循环赛制”确立。这种赛制要求来自关东和关西的选手对擂，进一步完善了相扑比赛规则。公元 1985 年新国技馆落成，古老的相扑运动再放异彩，前景繁荣。

□ 新国技馆一瞥　国技馆位于两国，是用于举行日本国技大相扑的设施，1 月、5 月、9 月举办大相扑赛事。

职业相扑每年举办 6 次职业相扑锦标赛，分别是 1 月东京的初赛，3 月大阪的春赛，5 月东京的夏赛，7 月的名古屋赛，9 月东京的秋赛，11 月福冈的九州赛。这些比赛都由日本职业相扑协会组织主办，该协会同时也是职业相扑的组织领导者。东京相扑大会在新国技馆举办。

观众想要得到满意的座位，不得不提前买票。最受人们欢迎的节目是最后1天的“选手乐”，几乎场场爆满。除了普通座位，馆内还设有豪华专区。是一个在表演圈附近的特殊区域，格子格局，设有坐垫，可容纳4个人，并提供自选食品。因为是全场最好的观看角度，这里成为全场最昂贵的区域。当然，因为空间狭小，腿长的观众难免感到局促。从早晨开始一直到下午6点，相扑力士将不间歇轮流扭打。这种全天候的表演会一直持续15天，直到大会结束。大会首先从低段位的相扑力士开始，轮到高段位的相扑力士出场，一般都时近下午。大部分观众也都是在这个时候才到场。要想见到相扑明星，不妨在更衣室门口等待。当然在他们进入相扑场举行相扑仪式之前，观众是不能进入更衣室的。相扑力士一般根据比赛目的的不同被分为东组和西组。最好的拍照地点是“花道”，也就是相扑力士的出场通道。分为东西通道，都通向相扑场。要及时了解场上情况，不妨随身带个带耳机的收音机，以便收听FEN（远东广播网）的英语解说。

比赛设有“殊勋奖”、“敢斗奖”、“技能奖”等许多奖项，但最高荣誉莫过于“天皇赐杯”。比赛完结后，冠军选手将会在东京各大街道游行。乘着敞篷车的力士们沿途接受市民们的热烈祝贺，可谓春风得意马蹄疾。之后全体力士将在日本各地进行大巡礼，接受最高礼遇的接待。

7. 全民参与

业余相扑的中心力量是学生。它兴起于明治、大正时代，继承了古代相扑的传统。首届学生相扑大会于明治42年（公元1909年）举行。也是在那一年，东京国技馆召开了关东学生相扑大会。在之后的日子里，学生相扑曾被迫中断。直到大正8年（公元1919年）11月，由大学生参加的相扑大会，即第一届全国高等学校相扑大会在大阪府市大滨相扑场举办。

□ 东京国技馆内

大正 10 年（公元 1921 年）5 月，第一届东日本学生相扑大会在国技馆举办。大约 5 年之后，西日本学生相扑大会也相继召开。这些相扑大会以学生为骨干力量，一直持续了半个多世纪。与海军相扑的交流也始于这个时期。他们之间的对擂赛因其异常激昂的场面而备受喜爱，其热烈程度甚至可以跟职业相扑相媲美。

昭和 21 年（公元 1946 年），第一届国民体育大会举行。在这场以增强国民素质为目的的体育盛会中，相扑成为其中一个项目。昭和 28 年（公元 1953 年）全国相扑大会召开。这是一次以学生、集团、青年、教员为骨干的权威性大会。

第一届全国中学生相扑大会于昭和 46 年（公元 1971 年）8 月 15 日在国技馆举行。这次大会为业余相扑的发展做出了许多积极贡献，其中离不开日本相扑协会的大力支持。

在这里我们不得不提到以上竞技会的主办单位——日本相扑联盟。该联盟于昭和 21 年（公元 1946 年）创立。并于翌年的 10 月 19 日加入日本体育协会。昭和 46 年（公元 1971 年）12 月 8 日成立的财团法人——日本相扑联盟对业余相扑事业的发展做出不可磨灭的贡献。

二、日本相扑特点

纵观日本相扑史，我们不难看到，相扑的发展是一个逐渐成熟的过程。在这个过程中，每一阶段都形成了自己的特点。

1. 宗教竞技

神事相扑往往代表了神的意志。所以在神话传说中，相扑（“力比”、“角力”）的胜者往往能决定国家的归属。神事相扑与民间祭祀、驱鬼以及庆祝丰收和占卜生产吉凶密切相关。而节会相扑则是宫中祭祀的重要组成部分。通过节会相扑来乞求国泰民安、风调雨顺。劝进相扑、奉纳（即向神佛供献、献纳）相扑则往往由寺院主办。祭祖中的神事奉仕精神是其核心。很明显，这些相扑表演带有浓厚的宗教色彩，表达了日本民族对神灵的尊崇，

奉献全部身心而无怨无悔。

□ 青蛙相扑图

奉纳相扑是为了感谢神的庇护，平息神的怨怒，以此来乞求平安和丰收，远离灾难和疾病。这些都在一定程度上传达了人对生的喜悦和对死的悲戚。奉纳相扑的本质是对神的祭祀。因为祭祀活动的崇高性，这种形式的相扑必然与以往那种纯粹力量较量式的格斗不同，而呈现出严肃、公正以及和平的特质。所有这些正是奉纳相扑的精神实质。因为只有以澄澈的心扉，寄寓美好的愿望，才能最终获得神的庇佑。

同样，在古希腊，也曾经流行这种以宗教为目的的竞技。

据《荷马史诗》（公元前1300年~公元前1200年，基于史实的传说）记载，当时为了祭奠那些在战争中死去的英雄，会在英雄墓前进行一种具有观赏性的竞技活动。当时的很多竞技都以古代奥林匹亚祭典竞技为首选。他们也大都是在对神灵举行奉仕祭祖活动时表演的项目。在以和平的方式结束战争之后通常都会举办奥林匹亚竞技，以此来奉仕神灵。

可以看到，不管是奉纳相扑，还是古希腊的祭奠竞技，他们表现的都是一种神事奉仕精神。他们内心充满喜悦，因为在他们看来，将身心奉献给神灵是一件骄傲和自豪的事情，这是真正的运动精神，它产生在这种带有浓厚的宗教色彩的祭奠竞技（相扑）之中。

2. 规矩演变

相扑曾在漫长的历史长河中，历经沉浮。然而相扑之所以绝处逢生，是源于民众的支持和理解，这也是相扑永葆活力的原因。但更直接的动因，却要归于相扑管理指导体制的确立。正是这种体制给相扑带来了良好的经营和指导。

"节会相扑"作为国家祭祖仪式，由部省负责管理运营。它的直接管理者是皇太子或亲王，而且胜负也是"天判"，由天皇亲自裁定。裁判长拥有最高决定权。归属于左右近卫府的相扑选手首先进行比赛，其中选出的精英再进宫决赛。这种竞技运营方法一直贯穿整个相扑历史，比如天览相扑、上览相扑、御前相扑、武家相扑。

源实朝的家臣结城朝光是武家相扑的管理者。他从源实朝上览相扑时——建永元年（公元 1206 年）便开始管理相扑比赛。在他之后，北条时赖由于被认为能够长期判定相扑胜负，因此在公元 1254 年，他被任命为行司（主审）。此后节会相扑建立了相扑史上的第一次审判制度，即自己的

□ 源实朝上览相扑图　源实朝，日本镰仓幕府第三代征夷大将军。

竞技运营法。

竞技会的管理、公平的裁判以及更加重要的参加者资质，一般被认为是构成体育运动发展过程中必须具备的条件，相扑自然也不例外。而在很早之前，相扑已经具备了这些必不可少的管理体制。

在江户时代，力士们由大名供养，过着安定的生活，为大名的荣誉而战。因此，这种竞技必须保证绝对的公平。

这一点来说，可以跟古奥林匹亚竞技进行一下比较：公元前 776 年，召开了第一届古代奥林匹亚祭奠竞技大会，并且这个传统一直延续到 1200 年之后。在古奥林匹亚竞技中，竞技的优胜者可以获得丰厚的奖品。那些服饰、美女、黄金、剑、枪等获胜者的奖品或许会让你惊讶于其本身的昂贵。第七届古奥林匹亚竞技之前，获胜者往往会得到苹果作为奖品。而在这以后，都以野生的橄榄果实作为奖品，被视为最高荣誉的皇冠，也以橄榄枝编成。 祭典竞技的目的主要是要把强壮的身体和旺盛的体能奉献给神，这样就使身体崇拜的竞技理念保持了纯粹性。后来，随着各国之间战乱频繁，政治力量逐渐消退。由于对国家、民族的奉献精神在人民心中日趋淡化，人们对竞技奖品的追求也逐渐物质化，时常发生的贿赂事件慢慢改变了竞技体育的本质。随着这种竞技会管理体制的衰亡，最终于公元 393 年（第 293 回祭礼的翌年）结束。

随着奥林匹亚竞技的解散，选手们不得不选择其他方式谋生。他们到各地参加竞技会，进行巡回演出。这跟大名雇佣力士非常相似。相扑作为一种职业逐渐在各地兴盛起来。相扑的雇佣制虽然保证了力士们的生活安定，使他们平时能专心于技术的训练，但比赛胜利之后的荣誉却不属于力士而必须归于大名。

在劝进相扑开始的时候，管理相扑事务的是町奉行（日本武家时代担

□ 江户时代相扑锦绘图之一

当行政事务的武士官名）。贞享元年（公元 1684 年），劝进相扑的管理被移交给寺社奉行，被称为公许制。此后，创立了能自主运营的民间主导型相扑——相扑会所。这是一种自主、自立的管理体制，具有自律和监督性。

这种管理体制严格地监督了相扑运动，但依然不得不制定一些禁令，以针对时有发生的伤害事件，以及围绕胜负判定的纷争。随着审判制度、竞技设施的改善，竞争者的资质也越来越高。正是在这种日益竞技化的氛围中，现代相扑最终实现了进化。

职业相扑在这种管理体制下逐步兴盛，并培养了一大批优秀的大力士、名力士。这些当然离不开众多国民的支持。简言之，相扑的蓬勃发展绝对离不开管理体制的充实以及国民对相扑的热爱和支持。由优秀的职业力士掀起的这股职业相扑热潮，使相扑事业走向了新的高峰。

三、“百花争艳”

在神话时代，相扑是天皇让位时的“比力”竞技；圣武天皇年间，相扑逐步发展成用于卜问农业丰歉的占卜方法；弘仁元年，相扑则成为宫廷祭祀活动的一部分；室町时代，相扑则成为武士锻炼课程的一部分。从公元 17 世纪开始，劝进相扑在日本各地兴起，并逐步发展成现代相扑。正是因为这样悠久的历史，进入公元 20 世纪之后，相扑逐渐成为日本的国技，在日本国内的地位不可替代。

□ 当代相扑场景

在漫长的历史长河中，由于相扑的不断发展，相扑名称也出现了“百花争艳”的现象。

1. 健儿相扑

在《日本书纪》中有一段关于健儿相扑的记载。说的是皇极天皇元年（公元 642 年）7 月，天皇曾经召集健儿（即宫廷士兵，又被称作“力人”）进行相扑，以接待来自百济（古代朝鲜）的使者。这也是关于宫廷相扑的最早记录。

2. 天览相扑

关于天览相扑的记录最早见于《续日本书纪》。其中记载着天平六年（公元 734 年）7 月 7 日，圣武天皇观看相扑戏。节会相扑的仪式开始于奈良时代末。

3. 公卿相扑

相扑有时候会成为公卿之间勾心斗角的工具。所以虽然节会相扑一般以宫廷为中心，但公卿之间也常常在宫廷外雇佣相扑力士进行竞争。这种相扑称为公卿相扑。

4. 上览相扑

《吾镜妻》中曾经记载过文治五年（公元 1189 年）在镰仓八幡宫内举行将军上览相扑一事。从这之后，上览相扑在将军中成为常事。宽政三年（公元 1791 年）6 月，十一代将军德川家齐也曾上览相扑。从此之后，家齐、家庆也常常观看相扑表演。

5. 童相扑

童相扑是指处于成长期的少年在日常游戏中流行的相扑。水平比节会相扑要低。据史料记载，天皇曾于清和天皇贞观三年（公元 861 年）6 月 28 日首次观看了童相扑。此后，直到掘川天皇宽治六年（公元 1092 年）一直流行着童相扑。很多书中都有关于童相扑的记载。实际上童相扑于现在的幼儿相扑非常类似，何时何地都能举行。

6. 隼人相扑

《日本书纪》中记载了很多天皇观看隼人相扑比赛的故事。如天武天皇十一年（公元 683 年）7 月 3 日，上京进贡的萨摩、日向的隼人安排了大隅隼人和阿多隼人的相扑比赛，最后前者获胜。而天皇便在宫中观看了这场比赛。 持统天皇九年（公元 695 年）5 月 24 日，天皇则在树下观看了大隅隼人在飞鸟寺两侧的广场相扑。

古代日本九州南部以狩猎、耕作为营生的人们一般被称为“隼人”。传说他们大约在公元 4 世纪或 5 世纪的时候归顺了大和朝廷。这些隼人的语言、文化、生活习惯都与大和有很大的区别。因此，古代日本专门设有隼人司，专门管理这些人，以实现对他们的征服和奴役。 那时候他们必须要轮流进入京都守护宫门。直到大约公元 8 世纪，大和才对他们一视同仁。

他们动作敏捷、勇猛，隼人相扑自然指的是这些人之间的相扑。

7. 草相扑和十相扑

武家相扑又被叫做“草相扑”、“十相扑”。它与武艺有着密切的关系，是一种重要的练武手段。由于相扑力士经常聚在一起研究姿势技术，因此绿茵场上、垂柳之下，几乎到处可见相扑力士扭打到一处的踪迹。

□ 镰仓八幡宫　镰仓八幡宫是镰仓时代的政治和文化的中心，公元1063年，由建立镰仓幕府统治的“源氏”建造。

8. 野相扑

据《日本相扑史》（酒井忠正著，日本相扑协会版）记载，在京都附近曾一度流行野相扑运动。野相扑是指在野地里建立相扑场，给各路大力士们提供比试的机会。那时候大名的相扑力士经常从中选拔。与此同时，地方上的一些职业相扑力士也会在这里与民间高手交锋，磨练自己的同时还能切磋技术。这种野相扑虽然与佛阁无关，但也深受劝进相扑的影响。当然野相扑的主要目的还在于营利。

9. 渔愿相扑

在九州南部的渔港流行着一种渔愿相扑。人们借用这种相扑，以奉纳的形式，来祈求渔业的丰收。

这种相扑场面非常壮观。男人们赤裸着上身，互相碰撞在一起，赤铜色的肌肤在阳光下闪闪发光。相扑比赛对这些青年来说，是一件不可多得的乐事。他们身上画着美丽的大渔旗，在土俵上唱起相扑歌谣。在这种场合负责接待工作的往往是那些从小生活在海边的姑娘们。她们从外地打工归来，借着这场盛会，邂逅命中注定的那个人。久而久之，渔愿相扑便逐渐衍变成为海边青年男女们的集体相亲大会。

在能登半岛的渔港，人们还将祈求渔业丰收作为奉纳相扑起源。现在，在七尾市，依然进行着由学生组织举办的相扑竞技会。

10. 台览相扑

台览相扑指的是在九州北部（中津市）曾有的相扑竞技会。相传这种相扑是为了纪念陆军大演习而举行的祭祀活动。

除了以上介绍的各种相扑，还有在神社举行的宫相扑，在诸大名间举

办的御前相扑，在村落中举行的村落相扑。从这种广泛流传的相扑名称中，不难看出相扑运动的普及性。

相扑从一种徒手竞技发展为深受日本人民喜爱的国技，其每一步的发展都烙有深深的时代烙印。因为暗合了日本的民族精神，相扑成为日本民族体育项目的代表。现代以来，相扑运动更是与时俱进，融合了日本的传统与时代精神，努力谱写着崭新的篇章。

四、名称渊源

关于相扑这个词的来源，历来众说纷纭。

日本学者笠置山氏曾对此做过描述：

在野见宿祢时代，相扑作为一种“比力”而被写成“角抵”，后来写成“角力”时，其读音为“すまふ”。“すまふ”也被称为素舞。这是因为在举行镇魂（镇守恶魂）的祭典仪式时要做力足（相扑力士交替高举双脚用力踏地做赛前准备）的动作，充满一种舞蹈气氛。

此外，对于节会相扑的素舞模样，另一个日本学者古河三树氏也曾经提到过：

在弘仁年间（公元810年～公元823年），宫中经常举行盛大的仪式，节会相扑作为一种重要且具独立性的项目非常盛行，并作为一项制度被确定下来。这种相扑模仿中国唐朝相扑的仪式，吸收唐朝相扑中的一些东西，

最后成为一种舞台艺能，被称为猿乐（能的最初称谓，能即技艺之意，它是一种以歌唱、舞蹈为主的象征剧）。曲艺师、相扑工作人员、办事员等34人朝左右（今东西）方向围在一起。随着音乐声的骤然响起，大约有300位相扑力士粉墨登场，一展英姿，展现了一幅豪华绚丽的王朝绘卷。

可以看出，在相扑节上，相扑是以掺杂着音乐、舞蹈、仪式和竞技的素舞形式表现出来的。当然，相扑人图绘卷（拉弓立合仪式）也证明了这一点。从“素舞い”到“素舞ぅ”，相扑成了一种集音乐、舞蹈为一体的综合性竞技。换句话说，也就是从角力变成了一种竞技相扑（角力——相扑）。

跟以上两家不同，日本学生相扑联盟常任理事松村丰氏对相扑的语源则有着其他理解。在他看来，相扑的发展是以“住（すも）ぅ”（居住）为中心的。我们不妨看一下他的解释：节会相扑是为祈祷宫廷安泰和丰收而举办的活动，它代表神的一种意志。即使是劝进相扑，也是一种以保证力士有安定的生活为目的的相扑。

当然，这种生活的安定肯定离不开健壮的自身条件和良好的居住条件。为了保持身体健康，人们不得不一年四季锻炼身体，以达到魁梧刚健的体魄。他们之间互相尊重，相扑比赛时彼此身体碰撞的规则让人们不断滋生力量。而且在相扑技法的学习过程中还能培养独立自主的信心和能力。竞技场中四根立柱上悬挂的布的颜色也能看出这一点。黑（西北）、蓝（东北）、红（东南）、白（西南）四种颜色的彩布分别悬挂在四根柱子上，代表了春、夏、秋、冬四个季节。这不仅象征了他们在每个季节都持之以恒的训练以达到身体的健康，而且还表明了他们对四季的心理感受。居住条件则指的是土台（土俵）上用四根坚实的大柱子支撑着的屋根（屋形）。正是训练有素的身心以及良好的居住条件阻挡了外敌和疾病的入侵。将一切灾难都拒之门外。

□《观能图》屏风　日本的能剧和狂言的产生可以追溯到公元8世纪，随后的发展又融入了多种艺术表现形式，如杂技、歌曲、舞蹈和滑稽戏。今天，它已经成为了日本最主要的传统戏剧。这类剧主要以日本传统文学作品为脚本，在表演形式上辅以面具、服装、道具和舞蹈组成。

可以看出，相扑最终从舞蹈发展为竞技。依靠这种严格竞技训练，人们的生活质量得到逐步提高。

还有一个叫寺田寅彦的日本学者考证了古希伯莱《旧约·圣经》中的一个故事。据书上说，希伯莱族长亚伯拉罕的孙子雅各曾与化为人身的上帝进行相扑比试。雅各的继承权是从兄长手里骗来的。因为怕被报复，他于是到了哈兰的舅舅家帮工。他还在那里娶了他的表妹。几年之后，他们举家从哈兰返回迦南。经过雅博渡口的时候，他的家人先过了河。这时候，突然出现了一个人，这个人提出要跟他摔跤。一夜激烈的比赛之后，雅各获得最后的胜利。那个人于是告诉他自己是上帝的化身，并在临走的时候给雅各改名为以色列（“イスラエル”意谓他与上帝较力），以此来纪念他在与上帝和人的较力中都取得了胜利。说完之后，一瘸一拐的上帝慢慢走远。虽然我们并不知道圣经中记载的到底是哪一种相扑，但可以肯定的是，希伯莱语中构成相扑一词词干的“アパク”，它的基本意思是“尘埃”。

□ 劝进相扑入场图

这样看来，相扑或许就是将人弄倒在地的意思。由此而推论，相扑的结局也就有了一瘸一拐走路的意思。后来，还是这个叫寺田寅彦的学者又在希伯莱语中发现“扑”的汉音为“ボク”。这当然不只是个巧合。在希伯莱语中，相扑一音最终转化成日语的和音“すまふ”。因为 b 易变为 m，k 易变为 h。而且他还发现了另一个有趣的现象。被称为相扑始祖野见宿祢的“祢”字读音“すくね”与希伯莱语中的“长者”（「アクヌ」）读音非常相似。

古老的故乡

“文明”这个词总是让人浮想联翩。先进的生产工具、发达的科学技术，以及动人心魄的文化艺术，这些都是“文明”的标志。中国是世界四大文明古国之一，许多对世界历史影响深远的文明种子都在此萌芽，它们中的许多漂洋过海，在异国他乡生根发芽。相扑就是其中之一。虽然作为日本国技，相扑已经成为大和民族独特的国粹，但它同样是中国文化的瑰宝，曾经在中华大地上谱写过灿烂的篇章。

一、“角抵”

相扑在中国古代被称为“角力”、“角抵”、“手搏”等，比较类似于今天的摔跤。它历史悠久，可以追溯到没有文字记载的远古。现今流传的黄帝和蚩尤涿鹿之战的故事中就隐隐提到了“角抵”。传说在4600多年前，黄帝的部落与蚩尤的部落在涿鹿（今河北涿鹿县）展开生死大战。蚩

□ 蚩尤像　蚩尤是中国古代神话中的重要人物。

尤头部长着犄角，耳鬓仿佛剑戟，他用角抵之术对付黄帝，锐不可当。这个传说带着浓厚的神话色彩。然而却不难看出“角抵”一词最初带有的武力色彩。它显然起源于原始部落为了争夺地盘而进行的争斗。中国古代的北方农村中还流行一种“蚩尤戏”。百姓们头戴牛角，三三两两互相抵斗。这种民间竞技便是为了纪念蚩尤而举行的。

二、曾经的“记忆”

西周时期，这种两人徒手搏斗的竞技活动逐渐被应用于军事训练上。在当时叫做“角力”。每年冬天，周天子都要让他的将帅在冰天雪地中练习弓箭和角力，训练效果由他亲自检查。很明显，此时的角力活动依然带有强烈的军事色彩。直到春秋战国时期，这种军事色彩才逐渐淡化。战国后，整个社会的政治、经济、文化都发生了剧烈的变革。受此影响，角力也逐渐脱离了军事训练的樊笼，走上“以为戏乐，以相夸示”道路。相扑开始

□ 战国透雕铜牌

向竞技性体育运动发展。中国陕西西安客省庄曾于公元1955年出土了一块战国透雕铜牌。铜牌上雕刻着两个大汉角力的生动场面。他们上身赤裸、下着长裤，各用一只手扣住对方的腰，一手扳住对方的腿，彼此碰撞在一起。搏杀激烈，难解难分。他们身后还各自站着一匹马，仿佛在观看他们的精彩表演。这是目前人们所能看到的最早的中国古代相扑图。因此，西周是中国古代相扑当之无愧的萌芽期。当时的这种“角力”很明显带有武术和娱乐的双重性质。

秦始皇统一中国后，下令民间不许私藏兵器。在他看来，国家将从此远离纷争和战火，永享太平和昌盛。为此，他还颁布一系列的政治制度，以达到“车同轨，书同文”的统治目的。在这种形势下，“角力”也开始从军事活动中彻底分离出来。更名为“角抵”，成为一种专供王公贵族欣赏娱乐的“角抵戏”，又称“大角抵”或“百戏”。秦二世胡亥就非常痴

□ 角抵戏场景（俑） 秦二世时，增加了角抵的娱乐性和表演性，并引入宫廷，与歌舞、杂技等同台演出，成为宫廷贵族的观赏性娱乐活动，被称为"角抵戏"。特别是西汉时期，汉武帝加强"乐府"对宫室消闲娱乐活动的主导作用，并多次举行较大规模的"角抵戏"表演活动，使其进入大发展时期。到东汉时，"角抵戏"的内容进一步增多，凡是歌舞乐奏、杂技幻术、角力演武、运动竞技等无不囊括其中，因此称之为"百戏"。

□ 绘有角抵图案的秦代木篦

迷"角抵"。传说他看角抵戏时，不许任何人打扰。有一次宰相李斯有要事求见，也吃了闭门羹。可见，当时的角抵应该非常具有观赏性。从另一个角度也可以看出，这时候的角抵已经脱离了战场上的肉搏性质，而比较偏向娱乐性。

西汉时期，天下太平，民富国强，出现了许多有钱有闲阶层。这些人对娱乐有越来越多的需求。角抵戏的内容也有了新的变化。开始有了故事情节，并常常杂以歌舞、杂技、魔术等各种娱乐形式。因此获得了很多受众。每次开演的时候，场面都很火爆，演到精彩处，还有很多人呐喊助威。公元 1974 年中国山东临沂金雀山九号汉墓中发掘出的彩绘帛画向人们真实地展现出当时民间角抵的精彩场面。只见一个头戴箭形茨前叶饰、腕子上佩戴红镯的大汉与另一个着长冠，穿宽袍，系赤带的大汉正扭打到一处。他们张开双臂，身体前俯，怒视着对方，仿佛立刻就要扑上去。在他们左

边还站着一个裁判模样的人，着小帽宽衣，正拱袖肃立。

汉代的很多皇帝都非常痴迷观看角抵比赛。很多史料都证明了这一点。就连一向对文娱活动不感兴趣的汉哀帝，也对角抵比赛情有独钟。而且当时有很多达官贵人都擅长角抵，比如汉武帝时期的金日晖。他是武帝重臣，发现莽何罗背叛武帝之后，瞬间便将他制服于殿前，用的就是角抵里面的绝招。当然，在昏庸的皇帝那里，角抵也成了他们纸醉金迷、声色犬马的工具，不可避免带上了病态的色彩。孙皓就是这种皇帝。他是三国时吴国的亡国之君。在他当皇帝的时候，喜欢看宫女们进行"角抵"比赛。这是有关女子相扑最早的记载。比赛的时候，这些宫女们戴上饰有垂珠的金首饰，相互碰撞。首饰毁坏之后，就再让工匠们制作新的呈上来。君王们骄奢淫逸、挥金如土的生活由此可见一般。

"相扑"这个词虽然在晋代已经出现，但隋唐时期，仍称"角抵"、"相抵"、"角力"。当时这三个名称并存。虽然名字不同，但内涵却是一样的。唐代君王祭祀天地的大礼叫做"郊祖"。"郊祖"之前，一般都会进行相扑表演。此时，"左右军"（有时又称"二军"，属非正式军队，乃是宫中机构）已经出现。它专门负责管理相扑活动。唐代也有了专业的相扑力士。有一个叫"相扑棚"的专业组织供他们日常练习，他们在那里相互较量，切磋技艺，以求精益求精。他们在宫廷中的酒宴庆典中进行表演，施展绝活，以飨来宾。

蒙万赢是唐代后期著名的相扑力士，被选入相扑棚的时候才十四五岁。这个人不但天资聪颖，而且训练十分刻苦，最终练就了一副好身手。他数十年如一日地从事着相扑事业，凭着多次夺冠的资历，在当时被尊称为"万赢"。也正是因为如此，万赢身价倍增，曾被懿宗、僖宗、昭宗三朝供养。唐朝衰亡后，他离开长安，在民间传授相扑技艺。相传他指点过很多壮士、

游侠。我们不妨把他看做是活跃在唐末、五代初的职业相扑力士。当时，在唐朝军队里相扑十分活跃。在民间相扑也开展得十分红火。那时候百姓们常常在闲暇时以此来娱乐，因此，当时也出现了许多相扑高手。

史书中记载了一个相扑高手们比赛的故事。富苍龙、沈万石、冯五千、钱子涛是当时有名的相扑高手。有一天，他们约定进行一场比赛。赛前，人们为了犒劳他们，端上来一大盘半生不熟、连筋带皮的老牛肉来请他们吃。就在其他三人胆战心惊、不敢下口的时候，冯五千已经拿过盘子，大快朵颐起来。待到比赛开始，冯五千威猛如虎，轻而易举地打败了其他三个人。

角抵是唐代宫廷娱乐的主要项目。因此，常常会得到皇帝们的偏袒和支持。穆宗李恒就是其中一位。他每隔三天都会去左右军及御宸晖、九仙等门观角抵，也常常到神策军中观角抵，经常一看就是一天。敬宗李湛也痴迷于此。他经常通宵达旦地在宫中观看角抵戏。在当时的表演中，角抵戏常常作为压轴戏最后上场，以此把演出气氛推向高潮。大力士们赤裸着上身，在响彻云霄的击鼓声中闪亮登场。他们首先摆好姿势，调整好呼吸，比赛一开始便各显神通，只见两个铜肩铁臂的人勾腿搂腰，打在一处，好不精彩。如果两个人正好势均力敌，赛事便往往会陷入胶着，一时难分胜负。曾有人在两个扭在一起、各不相让的壮汉图旁题着这样一首诗，“愚汉勾却白汉项，白人捉却愚人骹（小腿）”，“如人莫辨输赢者，直待墙颓（倒塌）始一交”，图文并茂地描绘出这种难分上下的场面。

角抵在五代依然流行。当时因此而获得高官厚禄的大有人在。后唐庄宗李存勖十分擅长角抵，很多人都不是他的对手。有一次，他跟善角抵的李存贤打赌，以一个郡为赌注赌他能胜过对方。结果李存贤意外获胜。君子一言，驷马难追，庄宗只好封李存贤为蔚州刺史。

宋代相扑被称为争交，在宫廷和民间都十分流行。大型盛典、宴会时，皇帝一般都会宣召京师坊市两厢的艺人表演集体相扑助兴。“内等子”是专门承应此类差事的机构。这个机构一共有120个人，他们大都以膂力闻名。这些人中除了10名是剑棒手，其余的都是相扑力士。他们都是从左右军中挑选出来的相扑苗子，由“军头司”每旬负责训练。这些训练必须遵循严格的比赛规则进行。朝廷根据他们的技艺水平高低，颁发不同的薪饷。力士们除了表演助兴之外，有时也充当保镖。每逢皇帝出行，他们都随侍左右。

□ 后唐庄宗李存勖像　他是一个特别善于角抵的皇帝。

城市的发展必然会带来市民娱乐文化的兴盛。作为百姓喜闻乐见的表演形式，相扑活动逐渐在民间开展起来。当时东京（今洛阳）的公共娱乐场所都设有“小儿相扑”。“瓦市”作为平民游乐的场所，自然也少不了相扑表演。每年6月6日欢庆神仙生日的庙会上还会表演“乔相扑’，从早到晚。因此，当时出现了许多民间相扑艺人。他们浪迹天涯，卖艺为生。这些人中的很多人都身怀绝技。“瓦市”在当时的杭州城内外总共有十多处，几乎每处都活跃着他们的身影。经过他们持之以恒的揣摩、创新，相扑技艺在当时达到了一个高峰。根据技艺的不同，他们还拥有不同的艺名，如撞倒山、宋金刚、铁板沓、倒提山、赛板沓、

周急快、王急快等。这些名字象征着他们的绝技，也在某种程度上反映了他们技艺的高超。

南宋是中国相扑的高峰期。当时已经有了中国历史上最早的“相扑协会”——“相扑社”。这是由民间相扑艺人自己组织的。这标志着相扑运动在民间已经自成一家。其中有50多名著名的相扑力士。相扑社的成员平时要接受严格的正规训练。有时候，他们还会聚在一起切磋技艺。比赛规则也是在这种交流过程中逐渐统一的，形成了一定的动作规格，即可以互相搂抱、推抵，以谁先把对手扑倒或推抵出露台为胜。那时候有专门的表演班子，经常打擂台，在特设的场地内进行。在护国寺南高峰露台曾举行过一场高水平的相扑比赛。赛前还有海报宣传。冠军不仅能获得旗帐、银盆、彩缎、锦袄、马匹等大宗奖品，还可担任军佐一职。于是各道州郡膂力过人的相扑高手都云集在那里大显身手。一时之间，万人空巷。比赛进行到精彩处，喝彩声响彻天际。群众对相扑的喜爱程度可见一斑。

宋代民间还有女子相扑的公开表演，可谓开风气之先。女子相扑表演时，往往让女子先登台亮相以吸引观众。赛关索、嚣三娘、黑四姐、张椿等是当时杭州城的相扑女名手，她们经常参加比赛，并获得大量奖品。宋仁宗赵祯就曾在宣德门观看过这种女子相扑。因为她们表演投入，皇帝还专门下旨嘉奖。但因为女子相扑表演时裸露上身，很多人认为有伤风化，当时的宰相司马光甚至上书仁宗，请求取缔妇人相扑。至此，女子相扑销声匿迹了一段时间。

相扑技艺在宋代可以说达到了登峰造极的地步。施耐庵在其《水浒传》一书中对此作了生动的描述，如《水浒传》第七十四回“燕青智扑擎天柱”中，作者可谓描写得栩栩如生：

时值三月二十八日，是天齐圣帝诞辰之日，山东泰安州的岱岳庙内，

人潮涌动，天下香客尽聚于此。在这儿将要举行一次别开生面的相扑比赛，以示祭神礼佛。比赛开始前，相扑裁判员手拿竹批，快步走上由四根柱子支撑的“献台”。参神完毕后，他便邀请相扑力士上台。首先登场的是号称“擎天柱”的任原，一番礼仪后，他喝了两口神水，随后摘下巾帻，脱下锦袄。只见他头绾鬓角，腰上拴着数十根细细的蝴蝶扣的宽围带。牢牢地拴住袖腕，系紧鞋带。这时梁山好汉、摔跤能手燕青也在众人的起哄声中踏上台来，他梳着光光的角儿，脱下草鞋，赤着双脚，蹲在献台一边，解开护膝，脱下布衫。持两人整装完毕，裁判员即从怀中取出名为“相扑社条”的比赛规则，对着大众宣读了一遍，如不许暗算，在比赛中可以用脚踢等等。随着裁判一声“看扑”，比赛正式开始了。当时，“任原见燕青不动弹，看看逼过右边来”，燕青“去任原左肋下穿将过去”，“任原急转身又来拿燕青”，燕青“虚跃一跃”，“又在右肋下钻过去”，任原“转身”不便，“三换换得脚步乱了”，这时燕青“抢将入去，用右手扭住任原，探左手插入任原交裆，用肩胛顶住他胸脯，把任原直托将起来，头重脚轻，借力便旋四五旋，旋到献台边……任原头在下，脚在上，直撺下献台来。这一扑，名唤做鹁鸽旋”。

在施耐庵一连串的动词中，燕青和任原相扑的过程可谓跃然纸上。任原的“奔”、“转”、“换”；燕青的“穿”、“跃”、“旋”轻而易举地让我们对相扑的套路有了深刻的印象。燕青在这场比赛中不但赢得了一匹全副鞍马，还获得了不少金银器皿，锦绣缎匹。可见当时相扑获胜者都有奖可拿。这些奖品大部分来源于香客奉敬圣帝的物品，在当时也被称为“利物”。

此外，《水浒传》中还多次提到相扑。燕青用一手“守命扑”把自夸“自小学得一身相扑，天下无双”的高俅扑倒在地。“黑旋风”李逵也跟焦挺

□ 当代绘画作品《燕青打擂图》

交过手，几下就被焦挺摔倒在地。李逵虽然常常嚷着要与人“性命相扑”，但他空有一身蛮力，在面对与祖宗三代都以相扑为生的焦挺时自然力不从心。可见，相扑比赛不仅是力量的较量，还是智慧、谋略的角逐，只有把两者结合起来，才能立于不败之地。从以上的几个精彩片断，我们不难窥出宋代相扑的盛貌。

三、爱扎路克的选择

元代以后，汉人相扑逐渐衰落。这主要受当时的社会背景影响。为了加强统治，元朝统治者下令禁止汉人习武，相扑自然也被取消。相扑运动逐渐淡出汉人的习俗。

□ 绘有反映宋代相扑内容的壁画

但蒙古族中依然盛行相扑。此时的相扑往往被叫做摔跤。虽然蒙古族此时已经入主中原，但作为一个尚武的少数民族，射箭、骑马、摔跤仍是每个蒙古男子必备的技能。这也是“那达慕”大会的主要内容。成吉思汗时期，“那达慕”主要是祈求来年风调雨顺、生灵兴旺的祭天活动。射箭、骑马、摔跤这三项不过是其中的辅助项目。发展到后来，“那达慕”便成了以这三项竞

□ 那达慕大会景象 “那达慕”是蒙古语，“慕”是蒙语的音译，意为“娱乐、游戏”，以表示丰收的喜悦之情。每年农历六月初四（多在草绿花红、马壮羊肥的阳历七八月）开始的那达慕，是草原上一年一度的传统盛会，是蒙古族人民传统的群众性集会，也是一年一度的盛大节日。

□ 中国满族双人布库场景　有人说双人布库是由满族古代游戏“骑马打仗”演变而来的。比赛时在地上划出一个圆形角斗区，参赛者分为两个队，每队各二人。比赛时，一人背着另一人。比赛开始，各队接近对方，背在背上的人相互争斗，设法把对方推出场外或把对方从背上拉下来，以此决定胜负。该项运动也可以多人的多组对抗。

技比赛为主要内容的节日盛会。其中最壮观的莫过于摔跤比赛。为了鼓舞士气，比赛前往往会有歌手先唱一段慷慨激昂的歌曲。接着摔跤手们踏着蒙古族特有的雄鹰步出现在草地上。只见他们身穿摔跤服，足登蒙古靴，无比的英姿飒爽。赛场上，每个人都奋勇当先，恨不得使出浑身解数与对方决一雌雄。比赛结束，胜利者要扶起失败者，为了表示友谊，还要互相以脸颊相蹭，很有现在友谊第一，比赛第二的运动精神。跟日本相扑不同，那达慕盛会上的摔跤比赛不按体重分级别，也不受时间的限制。比赛时能使对方身体任何一部分着地（除两脚掌外）即为胜利，不过不允许抱对方的腿。那达慕盛会的冠军最终将名利双收。因为他不仅会获得丰厚的奖品，还将被冠以国家勇士的光荣称号。

当时的蒙古允许女子摔跤。很多蒙古女子都身怀绝技，是摔跤场上的“巾帼英雄”。这是她们自我价值的实现途径。在意大利旅行家马可·波罗的游记《东方见闻录》中就记载着这样一个故事：

海都王的女儿爱扎路克是一位角力高手。海都王希望她嫁给一个贵族。但她却要求嫁给一位角力高手，起码能在角力中把她降服，否则不嫁。各地的青年纷纷应征，前来与她角力，可惜一一败北。后来，普马儿国王的英俊王子带着众多侍从和一千匹良马慕名与爱扎路克角力。海都王、王后、大臣都热望促成这桩婚事，希望爱扎路克不要取胜。爱扎路克遵守自己的

诺言，不听劝告，结果王子大败，输掉了千匹良马。

作为满族的传统体育项目，相扑在清代十分流行。满语称相扑为“布库”，翻译成汉语也就是“撩脚”，即摔跤。作为满族固有的徒手摔跤方式，布库本为徒手相搏，而专注脚法，胜败以倒地为定。在满族的传统里，胜者可赏饮酒。后来受蒙古摔跤影响，布库逐渐完善了自身的技艺。而酬赏也不仅限于酒，以羊、马等厚礼相代。

清太祖努尔哈赤去世后，其子皇太极继位。他制定了一系列的措施以完成父亲的遗愿。首先，为了入主中原，他开始着手训练军队，通过开展布库运动，很大程度上提高了军队的战斗力。其次，为了安定各少数民族，特别是与蒙古族建立友好关系，他时常与蒙古举行相扑比赛，以此来表现对蒙古族的亲善之心。如公元1632年，在欢迎锦州蒙古贝勒诺木齐、乌巴什归来的祝捷活动中，就曾命令宫中力士进行相扑表演。

喀尔喀是漠北一个颇有实力的大部落，以善相扑而闻名。顺治“布库”曾特意为远道而来的喀尔喀使臣安排了一场相扑比赛，并亲临现场观看。清朝方面派出的是不到20岁的惠顺亲王祜塞。祜塞最终不负众望，战胜了喀尔喀使臣。顺治帝高兴之余，更是厚赏了枯塞。在当时，相扑的胜利显然与国家的实力和尊严密不可分。当然，通过这种相互之间的比赛，也加深了清朝与喀尔喀部落的感情。

当时，清王室的嫡系部队八旗军之间经常举行相扑比赛。其中的优胜者还有机会进入善扑营。作为专门从事相扑的机构，善扑营的主要工作便是搜罗和训练相扑能手。这里不得不提及康熙皇帝与善扑营的一段典故：

康熙8岁当皇帝，他父亲顺治帝临死前命4个满族大臣辅佐他处理国家大事。其中一个辅政大臣叫鳌拜。他既掌握着兵权，又不断扩大自己的势力，而且特别霸道。直到康熙14岁亲自执政后，他还是专横地把持着朝

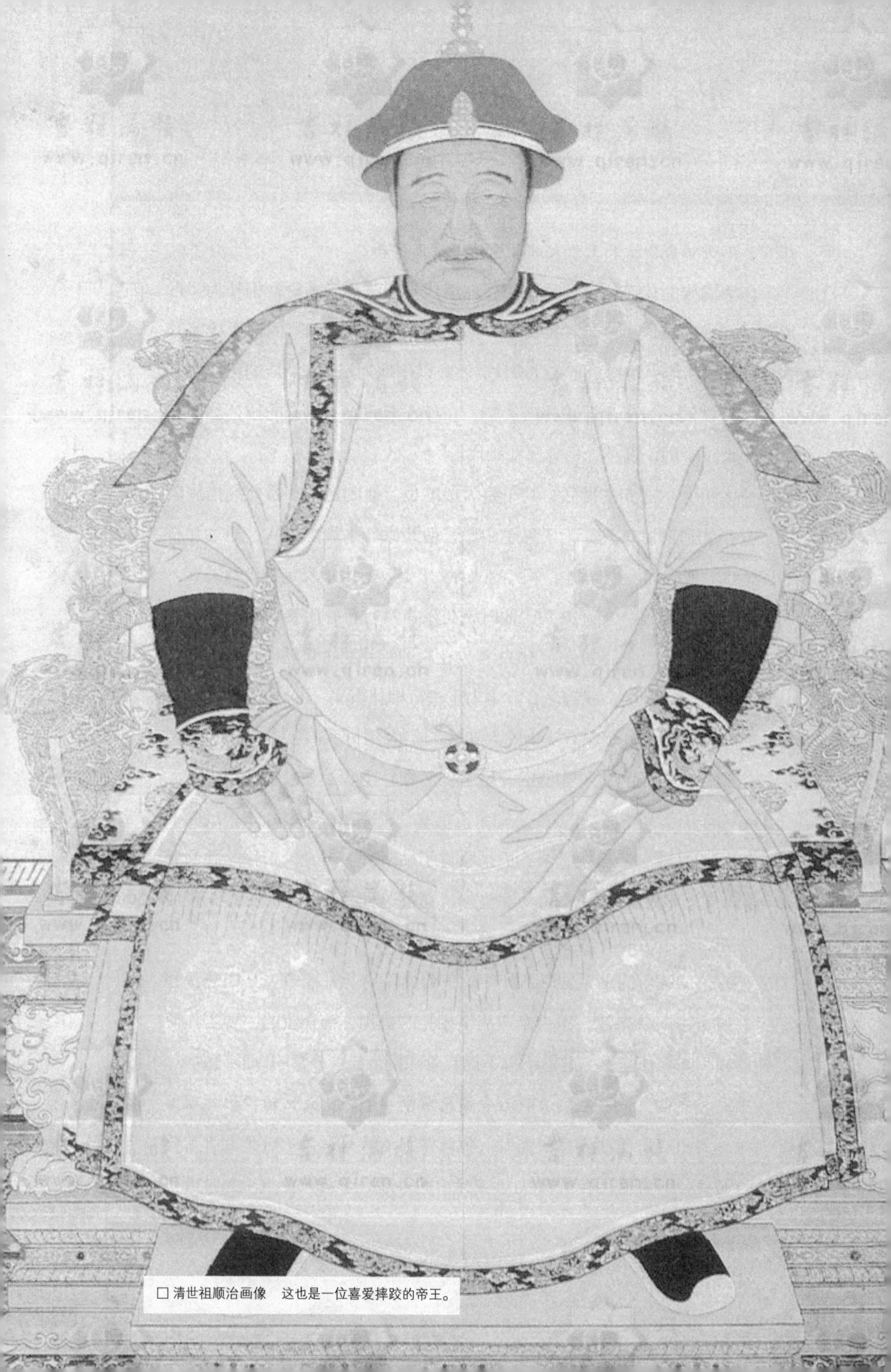

□ 清世祖顺治画像　这也是一位喜爱摔跤的帝王。

政，根本不把皇帝放在眼里。康熙对此忍无可忍，下决心除掉鳌拜。但他担心鳌拜势大，怕难以制服，于是便想出了一条计策。他精选了十几个身强力壮的小内监，叫他们天天练习布库，为锄奸做准备。这天，他借着一件紧急公事，召鳌拜单独进宫。鳌拜来了之后，他一声令下，这群平时训练有素的猛将立刻把鳌拜扑倒在地，捕获了他。可以说是布库帮助康熙巩固了统治。正是因为如此，康熙夺权之后就成立了善扑营，以集天下相扑高手。

□ 绘画《塞宴四事图》 该图是中国故宫博物院藏品。图纸本纵 320 厘米，横 560 厘米。这幅画记录了乾隆皇帝在承德避暑山庄大宴群臣时的盛况。所谓“四事”，就是筵宴过程中安排表演的四项内容：一、诈马（儿童赛马）；二、什榜（蒙族乐队）；三、相扑（摔跤比赛）；四、教驼（套马驯马）。整个画面背景深远，气氛紧张热烈，特别使人瞩目的是，画面中心展现在皇帝面前的摔跤比赛场面。

善扑营“布库”由“扑户”组成，扑户们又按技艺高低分为一、二、三等，不同等级享受不同待遇。他们平时的主要工作就是练习摔跤以及研习跤法。善扑营几乎集中了天下的相扑高手，连皇帝都认得他们中的佼佼者。当然，养兵千日，用兵一时，扑户们也必须在宫廷宴乐、礼宾集会以及时会佳节时表演。表演时皇帝会亲自到场观赏，场面蔚为壮观。

诗人赵瓯北在《相扑》一诗中栩栩如生地描写了当时的相扑场面，其诗说：

黄幄高张传布库，数十白衣白于鹭。

衣才及尻露裲裆，千条线缝十层布。

不持寸铁以手搏，手如铁锻足铁铸。
班分左右以偶进，桓桓劲敌猝相遇。
未敢轻身便陷坚，各自回旋健踏步。
注目审势睫不交，握拳作力筋骨露。
伺隙忽为叠阵冲，捣虚又遏夹寨固。
明修暗渡诡道攻，声东击西多方误。
少焉肉薄紧交纽，要决雌雄肯相顾。
翻身侧入若擘鹞，拗肩急避似脱兔。
垂胜或败弱或强，顷刻利钝难逆睹。
忽然得间乘便利，拉胁摧胸倏已仆。
胜者跪饮酒一卮，不胜者愧不敢怒。
由来角抵古所传，百戏中独近戎务。
技逾蹴鞠练脚力，事异拔河供玩具。
国家重此有深意，所以习劳裕平素。
君不见教坊弟子也随行，经月不陈默相妒。

由此可见，赵瓯北本人非常赞成相扑，而且对它有着很深的了解。

同蹋球等体育项目相比，相扑技艺远远超出他们许多。当然，国家对相扑的重视也是因与其它体育项目如蹋球、拔河等相比，相扑更有助于战备训练。善扑营的扑户们平时训练十分辛苦。但是当他们在相扑场上取得好成绩的时候，获得的封赏也是令他人十分羡慕的。善扑营由扑户 200 人、教习 10 人组成。他们不但要在节庆时负责表演，平时也要负责侍卫清帝、制服强寇。康熙时，来中国的俄国人常常仗着身强力壮欺凌百姓。康熙便让一个善扑者跟随一个俄国人，一旦他们对百姓不轨，善扑者就可以制服他们。

除了宫廷，清代民间相扑也非常火爆。“跤窝子”几乎遍布北京城。东四、西四、月坛、日坛、天桥“布库”、地坛、朝阳门、永安门、崇文门、

地安门几乎处处都有摔跤表演。三五群人围着两个摔跤的大汉，看到精彩处喝彩连连，场面非常壮观。

经历数千年的发展演变，相扑在中国文化史上写下了浓墨重彩的一章。同样，中国历史上，其他民族的相扑运动也往往别具一格。

根据考古资料，最早的赤身相扑格斗术，可能来自鄂尔多斯草原骑马民族的胡人“布库”。到了西晋时代，五胡大量南迁农耕之后，汉人才开始有了相扑的名称。但是清代中叶以后，相扑的名称逐渐被

□ 绘画《天桥摔跤与耍中幡》　现如今，天桥的摔跤作为一项非物质文化遗产却被保护下来，这些摔跤艺人不但将中国式摔跤继承下来，而且将另一项传统绝活——耍中幡也延续下来。

□《胡人骑射图》

□ 采用传统挠羊赛比赛规则的摔跤比赛场景

□ 朝鲜族式摔跤

摔跤取代。今日山西定襄、原平一带的胡人牧地，仍有赤身的“摸泥蚯摔跤”和“挠羊赛”、“布库”的传统。或许在他们身上还能寻找到当年游牧、骑马民族赤身相扑的蛛丝马迹。

比较而言，朝鲜族的摔跤比赛更加与众不同。除了腰部缠一条腰带之外，他们的摔跤手还要将一条三米长的白色“腿带”的两端分别系在腰带和右腿上。他们的赛前准备姿势同样别具一格。选手们要右膝跪地，左膝蜷曲，右手扣住对方的腰带，左手抓住对方的腿带，屏气凝神，如同一支上了弦的箭。随着裁判一声令下，两人瞬间扭打在一起，比寻常见到的相扑比赛更具有爆发力。

柯尔克孜族青年的相扑活动在马上进行，被称为“马上角力”。健儿们在远处相向纵马疾驰而来，双方即借助坐骑的力量和精湛的马术伺机进攻，赢的人必须要把对手拉下马。角力规则中，双方只许用手臂手拉手地

将对方拉下马，不得抓对方手臂外的任何部位，也不得抓对方的衣服或马鞍，否则就算犯规。

彝族人结婚的时候，新郎新娘双方的亲戚要在婚礼上进行摔跤比赛。一般男方和女方各派等额人数参加比赛，通过抓腰带、抱单脚、夹背翻、穿腿等方式比赛。彝族人通过这种方式祝福新婚夫妇百年好合，而且以摔跤点缀婚礼，不但使婚礼气氛更加热烈，还能增加两家友谊。除此之外，还有许多其他民族独特的摔跤方法。比如维吾尔族“喀什葛式”和“吐鲁番式”的摔跤、哈萨克族独特的骑马摔跤和双腿套进口袋的摔跤。有了这些奇妙的点缀，中国古代相扑史“布库”更加生趣盎然。

四、手足之情

作为邻邦，日本与中国一衣带水。中日两国的友好往来大概可以追溯到公元前 2 世纪。

日本受中国文化影响深远。中国文化曾经一度主导着日本，在很大程度上推动了日本的进步。在日本人看来，中国便是他们的希腊、罗马。因为他们的文字、词汇、艺术以及许多传统价值观念的起源都在中国。

作为大和民族的“国技”，只要提到相扑，一般人总会联想起日本那别具一格的相扑形象。事实上，相扑在中国同样历史悠久，表现形式也五花八门、异趣缤纷。

□ 当代绘画作品《燕青打擂图》

随着时间的推移，相扑在中国发生了很大的分化。但不管怎样，相扑、角抵之类的记载从中国史籍中消失是发生在清中叶以后。

相扑在中日两国各有千秋。但到底以谁为本的争论却一直不休。在这个问题上，中日学者各执己见，很难达成一致。

不妨让我们绕开“谁是相扑的娘家”这个问题，转而考察日本相扑的历史轨迹及具体形态。不难发现，日本相扑与中国文化之间有着千丝万缕的联系。可以说日本相扑深受中国传统儒、道思想的影响。不得不让人感叹，中日两国文化交往的密切。

同源不同流

从东汉一直到宋元，中国有关相扑的图像资料大部分见于佛传故事的壁画。这些壁画要么在墓葬中，要么在石窟和寺庙里。

同样，日本的葬礼相扑图也大都见于古坟。

□ 山西省太原市崇善寺中的明代相扑壁画　相扑运动在当今的日本被称为“国技”，开展得十分广泛。有不少学者认为，日本的相扑运动是隋唐时期的遣唐使从中国传播过去的。

□ 相扑古画

日本早稻田大学教授寒川氏曾经提出过一个有关古代日本相扑活动的体系——葬礼相扑（前面提及的丰登礼仪相扑是另一个体系）。这是他基于中国、日本、朝鲜等国的墓内相扑资料而提出来的。

在葬礼仪式和每年忌日的祭祀活动中祭祀死者时举行的相扑活动就叫做葬礼相扑。从中不难看出日本相扑的宗教礼仪色彩。

在中国《晋书》里曾经记载过一个故事。晋武帝时从西域来了一个擅长相扑的胡人。他身手矫健，百战不殆，以至于晋国竟然没人敢跟他较量。晋武帝司马炎便贴出告示招募可以与这个胡人相扑的勇士。这个勇士最后战胜了胡人，声名大振。

类似的情节也在《日本书纪》里出现过。出云的勇士野见宿祢与当麻蹶速在垂仁天皇前进行相扑。野见最终获胜，被奉为日本相扑之祖。

中国的《江表传》里曾经有这样的描述：皇帝孙皓沉迷酒色，不理朝政，成日在内帷厮混。他曾经下令宫女们佩带金银打造假髻等装饰品相扑取乐。

女子相扑的故事同样见于《日本书纪》。雄略天皇时期（约公元470年），天皇曾经让宫中的采女脱去衣裙，进行相扑表演。

在日本体育百科全书中，有这样一句话："日本的相扑与中国的角抵和拳法有相互关系。"日本历史考古学家池内宏和梅原丰治也同意这个说法。在他们合著的《沟通》中记述了日本相扑同中国吉林省辑安县（今集安市）出土的公元3到5世纪古墓壁上角抵图的相似性。他们同时还认为，日本相扑的比赛形式与规则与中国唐宋时期的相扑比赛非常类似。

唐代是中国古代文化的高峰。中日的文化交流也在当时达到了一个高潮。日本学者木官泰彦在其《日中文化交流史》中的统计结果表明。唐朝时，日本政府曾连续13次派遣唐使到中国学习中国文化。这些遣唐使将中国文化带回日本之后，又加以吸收借鉴，从而使日本本土文化里无处不带有中国文化的痕迹。学者、官员、学问僧以及许多学习诸艺百工的匠人、艺人是使团的主要代表。学习规模和范围都使前代望尘莫及。可以说唐朝时中日文化的主要交流载体便是这些人。由于唐朝是中国古代相扑发展的重要历史时期，因此为中国相扑传入日本提供了可能性。而且，根据日本的史料，无论从力士的着装还是从相扑的制度来讲，日本相扑都与唐代相扑有着千丝万缕的联系。

□ 劝进相扑锦绘图

上身赤裸，下着短裤，是秦汉时期中国相扑的标准服饰。中国湖北江陵凤凰山

秦墓中出土的木梳画上的相扑图及河南密县打虎亭汉墓中的壁画图还有吉林辑安县（今集安市）东汉墓壁画上的相扑图都反映了这一点。很明显，唐代相扑深受秦汉之风影响。唯一不同的是唐代相扑力士下身所着的已经不是"短裤"。代之以一种远比前代窄得多的装束，跟日本相扑力士穿的"褌"很类似。这对中国古代相扑力士着装来说是一个重大变化。这种装束可见于敦煌莫高窟藏经洞唐代幡画上的相扑图中。古代日本相扑高手萨摩氏的画像也证明了这一点。从这些相扑图中，我们很容易便能看到唐代和日本相扑力士们在打扮上的相似。

唐朝时，帝王每年都要举行祭祖天地的郊祀活动。郊祀时本司要事先挑选优秀的相扑力士以便到时进行表演。唐文宗时，大臣在举行郊祀活动之前要求观看相扑比赛。文宗不解，追问原因，大臣回答说这是旧例。朝廷设有专门负责管理相扑活动的机构，就是前面提及的"本司"。在日本宫廷中，也设有"拔出司"来专门负责相扑管理。由此不难看出唐代对日本的影响。

唐代时相扑表演都在专门的戏台上，日本相扑也设有"土俵"作为专门的比赛场地；比赛时两国都有裁判在场，在日本叫做"行司"；比赛前为了澄清心扉赛手们都要喝"神水"；唐代为了制造紧张的气氛，官方的相扑大赛前一般都要击鼓，这种情况也在一定程度上反映在日本相扑中；日本《相扑上览记》等书中就曾经对此有过记述，古代日本宫内进行"古式"相扑的同时左右也竖着大鼓各五面；只用巧合恐怕解释不了两者之间的这种相似性。

古代日本相扑深受中国唐代相扑习俗影响。《吴兴杂录》中记载了唐朝时 7 月中元节曾经盛行相扑活动。而日本古代的节会相扑正好也在每年的 7 月举行。节会相扑一开始举办的日子是每年的 7 月 7 日，而后在淳和

□ 江户时代相扑锦绘图之一

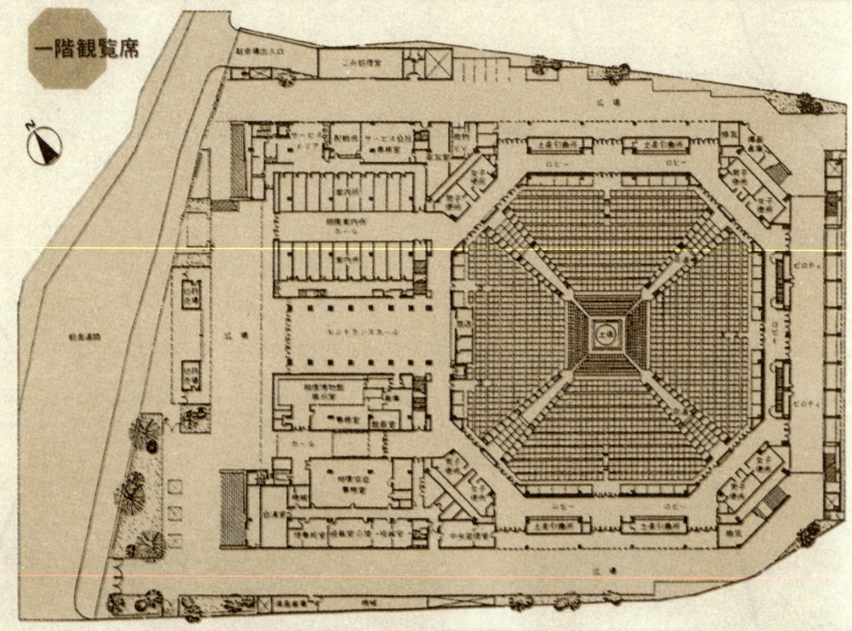

□ 圆形相扑场一层布局图　相扑比赛在 40 ~ 60 厘米高、727 厘米见方、四边斜度为 40 度 ~ 50 度的土台（日本称为“土俵”）上进行，土台中央比赛场地是圆形的，直径为 455 厘米，场地北面为正面。

天皇的天长年间推后至每年的 7 月 16 日。史书中记载的古代日本节会相扑时间正好对应着中国的唐朝。如圣武天皇（公元 725 年 ~ 公元 749 年〕、桓武天皇（公元 782 年 ~ 公元 806 年）、淳和天皇（公元 824 年 ~ 公元 833 年）、清和天皇（公元 859 年 ~ 公元 876 年）以及醍醐天皇（公元 897 年 ~ 公元 930 年）等朝。

中国古代文化对古代日本的相扑活动的影响在其他方面也有表现。如日本的圆形相扑场（土俵），很明显是受中国的太极影响。而受中国阴阳五行影响，土俵的左右定为阴阳，周围的四根柱子象征春夏秋冬四季，正好与场中的土形成五行。中国儒家仁义礼智信等理论也对其产生了一定的影响。这些影响都不是朝夕所成，而是一个逐渐渗透的过程。

一、儒家文化与相扑

1. “儒家内涵”

始于春秋孔孟的儒家学说，在汉代经过董仲舒“罢黜百家，独尊儒术”的倡导发扬后，最终确立了其在封建王朝的统治地位。作为统治阶级的治国之纲，中国百姓自然也要将儒家学说当成安身立命的处世准则。

归功于汉、唐两朝的传播，儒家文化开始在日本、朝鲜以及整个东亚文化圈流行。儒家学说内圣外用的学问，强调积极入世。内圣要求格物、致知、诚意、正心、修身，外物则要齐家、治国、平天下。因此，儒家历来重视伦理规范、道德实践以及人格的完善。在儒家先哲们看来，有无道德是人和动物的最大区别。因此对道德的需求便成了人生最迫切的需要。孟子便特别重视道德对人的影响。在他看来，人只要经过“尽其心”、“知其性”的修养便能最终进入知天的最高境界，就能自觉、自发地进入一种“万物皆备于我矣，反身而成，乐莫大焉”的境界，而不需借助任何外物的力量。因此，古代的体育活动不可避免的也要受这种积极入世的精神的影响，体现出重视现实人生、强调伦理道德的倾向。因此，在儒家学说那里，相扑不仅只是一项具有健身和娱乐作用的体育运动，还寄寓了明显的道德价值和教化功能。

选手在相扑比赛时要向对朋友那样对待对手，互相尊重，彼此坦诚。为了体现选手的思想修养，赛前要进行诸多相扑礼仪。选手参加职业相扑大赛前必须要参加由相扑协会举办的训练班，经过严格训练。他们必须要学习汉诗，熟悉相扑礼仪，提升思想修养。除比赛成绩和积分外，文化素质和道德修养对选手晋级至关重要。当时，相扑比赛的裁判被叫做行司。

□ 比赛场景

比赛时他们头戴宫帽，身着宫服，手持木扇（一般被称为军配），决定相扑力士的出场、比赛，并在最后宣布胜负。这些都体现了儒家的入世思想。

2. 森严的等级制度

受儒家等级制度的影响，日本相扑力士同样等级森严。周代确立亲亲、尊尊制度，以后又形成一套完整的宗法制、分封制和世袭制，并在此基础上确立了尊卑贵贱不同等级的物质权益和交往方式，完备了古中国的礼制。从吉庆、祭祀、军事、外交大礼到迎宾、乡饮等日用起居，在古代都要遵从尊卑大礼。古人有大礼三百，中礼三千。就拿周代来说，一部《周礼》几乎是周代政治制度和社会生活的百科全书。这部书备受孔子尊崇。在孔子看来“不学礼，无以立”、“克己复礼，天下归仁焉”。“君臣、父子、夫妇”都有专门的礼法规定。各种家法、族规，等级秩序十分森严。

在体育领域，尊卑有别的等级秩序也不可避免的渗透进来。象棋、围棋的选手都有段位之分。职业相扑力士也按成绩分成 10 级。传统上每个等级上有两人。级别最高的是横纲，下面又依次分为大关（冠军）、关胁、小结和前头。前头又分成 15 个级别。所有这些选手均属一级力士（日语叫“幕内”，意为上等相扑力士）。一级力士下面还有二级力士。二级力士又分 5 个等级，按地位高低依次为：十两、幕下、序三段、序二段、之口。虽然等级如此复杂，但实际上职业相扑力士人数并不多。就拿现在来说，

相扑选手在日本不过1000人左右。而这些人又分属关东、关西两大门派。

每年举行6次职业相扑大赛。大赛为期15天，分春、夏、秋、冬四个季节举行。其中东京举办3次，其余3次则分别在名古屋、大阪、福冈举行。大赛期间，相扑力士们一天比一场，但低于十两级的相扑力士只能比赛7天。天皇杯将被赐予大赛获胜的选手。除了大关，比赛成绩将用作力士们升降级的依据。对大关来说，如果在连续两次大赛中负多剩少，也必须被降级。永不降级的是横纲级的力士。这个最高荣誉称号是力士们梦寐以求的。

重量在职业相扑中不被看做是分级标准。选手必须根据各自的成绩级别进行比赛。高级相扑力士不能和低级相扑力士较量。根据级别的不同，相扑比赛的入场式和比赛规程也有变化。比如十两级与幕下级，在比赛3分钟内，运动员就必须开始扑击，而后则是4分钟。除此之外，两者的比赛形式基本类似。之所以对开赛时间进行限制，这里也有说法。因为过去，相扑力士往往花费过

優勝力士

	幕内	十両	幕下	三段目	序二段	序ノ口
1月場所	東 2 貴花田 (藤島) 14勝1敗	東 2 豊ノ海 (藤島) 12勝3敗	西 46 吉 種 (立田川) 7戦全勝	西 38 山中山 (間垣) 7戦全勝	東 106 紫尾山 (井筒) 7戦全勝	西 31 黒 野 (大鳴戸) 7戦全
3月場所	東大関 小 錦 (高砂) 13勝2敗 3回目	東 8 恵那櫻 (押尾川) 11勝4敗	西 9 大輝煌 (武蔵川) 7戦全勝	東 11 若展竜 (間垣) 7戦全勝	東 39 山 内 (出羽海) 7戦全勝	東 33 阿 嘉 (間垣) 7戦全勝
5月場所	西関脇 曙 (東関) 13勝2敗	東 6 琴ヶ梅 (佐渡ヶ嶽) 11勝4敗	東 13 坂本山 (三保ヶ関) 7戦全勝	西 40 鬼竜山 (友綱) 7戦全勝	東 28 高橋山 (大島) 7戦全勝	東 17 古 川 (鳴戸) 7戦全勝
7月場所	西 1 水戸泉 (高砂) 13勝2敗	西 1 若翔洋 (二子山) 11勝4敗	東 23 若足立 (若松) 7戦全勝	西 8 金 作 (北の湖) 7戦全勝	西 45 栃 豊 (春日野) 7戦全勝	東 22 埓 見 (九重) 7戦全勝
9月場所	西小結 貴花田 (藤島) 14勝1敗 2回目	西 5 琴別府 (佐渡ヶ嶽) 12勝3敗	東 8 成 松 (立浪) 6勝1敗	西 10 陽豊山 (井筒) 7戦全勝	東 160 東乃垓 (武蔵川) 7戦全勝	東 50 飛龍勝 (境山) 7戦全勝
11月場所	西大関 曙 (東関) 14勝1敗 2回目	東 12 駒不動 (放駒) 11勝4敗	西 16 旭 豊 (大島) 7戦全勝	西 11 大天濠 (大鵬) 7戦全勝	西 53 若貴山 (藤島) 7戦全勝	東 49 小 椋 (朝日山) 7戦全勝

□ 优胜力士年度记录

□ 江户时代相扑锦绘图之一

多时间在“立合”和“仕切”（准备活动和心理战）上，使观众觉得不耐烦，相扑协会于是在开赛时间上做了相应的规定。相扑四季皆宜，不但拥有悠久的历史，前景也十分辉煌。因此， 即使处于等级表底端，也有许多勇往直前的勇者。他们坚信“我们可以继续吸引所有的观众，一千年、一万年，直到永远”。

在东京东部地区坐落着许多相扑“部屋”。这是相扑选手们在没有比赛的时候进行训练的地方。有时候，“部屋”之间也会进行比赛，切磋比试。低级别相扑力士不但生活艰苦，而且训练的也非常严格。他们早上四五点钟就得起床晨练，之后才能吃早餐。而级别较高的相扑力士则可以晚一点起床。他们还能支使低级别的力士给他们跑腿办事。等级划分在“部屋”中更为重要，体现在饮食、洗浴以及其他任何事情上。上等力士有权利对下等力士吆五喝六，支使他们干很多杂活，比如盛饭、洒扫等等。相扑选手们的级别体现在其缠腰布上。一定级别的选手可以在准备晚饭的时候休息一会儿，但新手们就没有这么幸运了，他们往往被分派给高级别的人当助手，为他们们擦背、跑腿。在“部屋”里，洗澡也必须严格地按照级别进入浴室。

头发梳成丁字形的力士们的级别在幕下级之下。也就是之口、序三段、序二段三个级别。这些人刚进入相扑馆的时候只是学徒，并没有收入。直到他们在正式比赛中获得好成绩，才能晋升为高一级的相扑力士。此时，他们才算度过了自己的学徒生涯，正式开始了自己的事业。

相扑力士们职业生涯的转折以晋升为十两为标志。“数载苦练无人问，一朝十两天下知”，达到这个级别之后，相扑力士终于迎来了自己的人生转折。不但能每月领到固定的薪水，而且还能分到属于自己的住房，有专门的人伺候。直到此时，他们才被同行承认是一个独立的力士，能对下等

力士发号施令。他们还可以自由选择自己喜欢的腰带颜色，把顶髻做成“大银杏”的优雅式样，这种头饰象征身份，大大满足了一个人的虚荣心。众所周知，日本是一个等级森严的社会。在这种社会意识形态下，对他们来说最重要的变化莫过于 “十两”级相扑力士和一级力士们一样被称作“关取”。因为只有上等相扑力士才能享受得到这一无上荣光的称号。

日本相扑力士实行月薪和奖金制。相扑协会负责支出十两级别以上的相扑力士的月薪。横纲级月薪是 280 万日元（约合人民币 19 万元）、大关级 230 万日元（约合人民币 16 万元）、幕内以下的力士也都顺次可以得到高收入，最低一级的十两级是 100 万日元（约合人民币 7 万元）。比赛时的表现和成绩决定了力士们的奖金。比如优胜时能得到附加奖以及大会以外的表演奖金和从后援处得到的“贺礼”等。这些奖金的数额巨大，有时比薪金都高。

相扑界级别最高的选手是横纲。这个称号有“横着的索”的含义，指的是全场冠军在入场仪式上佩戴的白色麻制腰带。跟悬垂于门口的带子一样，它也是用来驱邪的。跟中国围棋界的棋圣相比，横纲的地位更胜一筹。横纲级别的候选人必须是连续三次夺得全国冠军的人。加冕仪式按日本传统的神道仪式举行，庄重而神圣。横纲在日本拥有无比尊贵的地位，高高在上、如日中天。他们是象征日本的国粹，是国家英雄，备受人民爱戴崇拜。大型相扑比赛的时候，只有横纲才有资格主持竞技场上的入场仪式。入场的时候，横纲腰缠白色袍带，一身盛装，伴随着左边挥剑开路和右边接旨传令的相扑力士，缓缓步入赛场中央，宣布比赛开始。整个仪式充满了庄严的宗教色彩。

还有很多其他方面也都体现出横纲地位的非同一般。只有通过“横纲级别晋升顾问团”一班子“仁人志士们”的讨论之后，横纲级别才能确定。

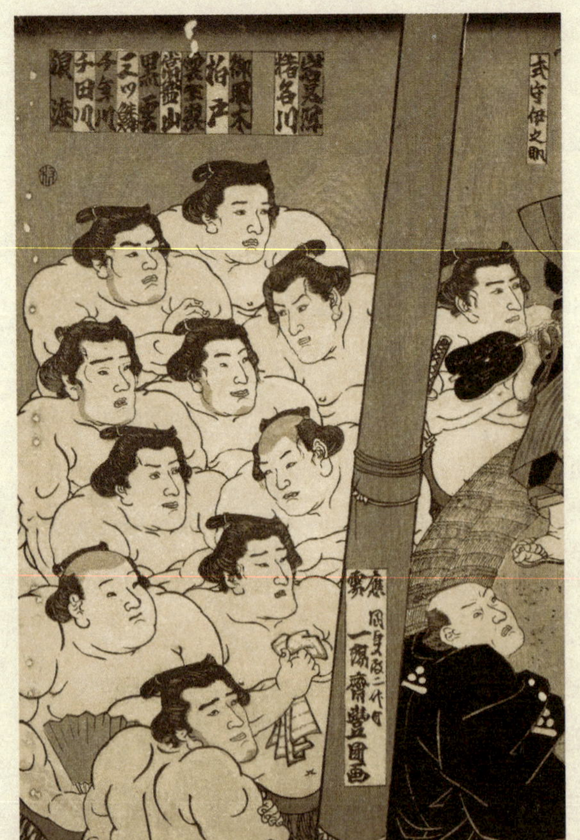

□ 劝进相扑锦绘图

而且，“横纲”的职位可以长期连任，这一点也跟下等相扑力士不同。即使过了全盛期的横纲，也不会被降级。当然，他最终可能会选择退休。这也不失为一种体面的隐退方式。

根据日本相扑协会的规定，大关只有连续3赛季夺冠才能获得晋升横纲的资格。由于新人辈出、强手如林，想要连续3次蝉联冠军实在不是一件容易的事。因此，有史以来，只有不到70人能获此殊荣。来自蒙古的朝青龙是最新的一任横纲。在他之前，只有两个外国人曾晋升横纲。越来越多的外国人被日本高级相扑力士们天文数字的出场费诱惑着。他们当中有美国人、巴西人、澳大利亚人，在不久的将来说不定还会出现中国人。日本本土相扑力士当然不会坐视外国人在相扑上做大，他们一刻也不敢放松，刻苦训练，拼命打拼，誓死守卫自己的家园。他们无时无刻不在为晋升高级相扑力士而奋斗着。每次比赛的冠军、

亚军和第三名，都有资格乘大篷车在东京大游行，接受市民的夹道欢迎。这是许多日本本土相扑力士梦寐以求的场面。春风得意车轮疾，一日看尽东京花。而随后在日本各地进行的大巡礼，他们依然将受到英雄般的礼遇。

跟相扑力士一样，执法比赛的裁判（行司）也有相应的等级划分。相扑的职业化使行司也向更高层次发展起来。一件武士式的和服和一顶宫廷式的黑帽是行司们的标准行头。这种服装酷似神道教祭祀的装束。两者的功能也一致。行司担任着在赛前和比赛中净化土俵的职责，使其成为百邪不侵的圣洁之地。行司手执的军配（指挥扇）上流苏的颜色以及行司是否穿鞋和持扇的方式等都可以用来区分行司的级别。赛后，他们用挥舞木扇的方式来决定孰胜孰负。胜者是扇子指向的那个人。比赛的规格与行司的级别相对应。重要的赛事要有高级行司执法，比如冠军争夺战、高级相扑力士之间的比赛等。级别相应低的行司则执法下级相扑力士之间的比赛。

天览相扑是指古代日本在天皇面前举行的相扑表演。上览相扑则是幕府时期将军们观看的相扑表演。这些都体现了观赏者的身份地位和君臣之礼、长幼之序的等级观念。受传统影响，今天相扑力士依然受严格的等级约束，但与奥林匹克的“公平竞争”精神并不冲突，因为这种等级划分毕竟是由选手的成绩和表现决定的。

3. 女子禁区

在古代日本和中国，女子相扑都曾出现过。在《梦粱录》这本书里不仅记载了女子相扑比赛，而且还记载了许多女子相扑高手。比如赛关索、嚣三娘、黑四娘等，她们都活跃在汴梁的勾栏、瓦肆等专门的娱乐场所中。在清人愈曲园《茶香室丛抄》这本书里也出现了女子相扑。宋嘉祐年间（公元 1056 年～公元 1063 年）上元节，皇上驾临宣德门。为了逗皇帝高兴，乐监召集了一群能歌善舞的艺人，进行各式各样的娱乐表演。其中有一个节目就是女子裸体相扑。因为这件事，还惹得当时的宰相司马光愤而上书皇帝。在那篇《论上元令妇人相扑状》的上书中，他写道："今上有天子之尊，下有万民之众，后妃旁侍，命妇纵观，而使妇人裸戏于前，殆非所以隆礼法示四方也……"强烈建议禁止女子相扑。《日本书纪》（公元720年编撰）也记载了女子相扑。雄略天皇即位时（约公元70年）"令宫女脱其衣，去其裙，着以兜挡，令相扑之"。近代以来，因为女子相扑有失大雅而被禁。

即使在现代日本，女子相扑也无法生存。作为"男人圣地"、"女人禁区"，女子甚至不能登上相扑台。然而前些年一名叫太田房江的日本妇女却向这一规则发起了冲击。在竞选大阪知事时，太田房江打败所有对手顺利当选。出人意料的是，在她上任之后，第一件事竟然是向日本相扑协会提出请求，要求出席公元2000年3月份在大阪举行的相扑比赛，按惯例向获奖者发奖。

这个要求对大阪府的工作人员来说非常棘手。因为按照相扑比赛惯例，一般都是由知事出席颁奖仪式并颁发绶带。可根据传统，女人必须远离相扑台。当妇女担任相扑知事之后，如何既能让女知事登台颁奖，又不违背历史传统，便成了一个矛盾。

这件事在日本引发了巨大的争议。毕竟作为一个传统

□ 女子相扑

气息浓厚的国家，日本妇女地位并不高。尤其是被看作男人专利的相扑比赛，女人更是不准越雷池一步。对很多人来说，女人站在土俵场上的情景，不但无法想象，更不能接受。在太田房江看来，她之所以要争取登台颁奖的权利，最终目的是为了男女平等。男人可以登相扑台，女人凭什么不行？尤其是现在，女人甚至能参加血腥味十足的拳击，那相扑又何苦固步自封，一定要把女子拒之门外？

作为日本国技，相扑可以说是日本的国宝。它不仅仅是一项单纯的体育活动，更是日本传统文化精粹的代表。因此，多年来形成的一套制度更加不容更改。就像日本相扑协会的新闻官对新任女知事说的那样："我们在竭力保持日本的传统文化，我们请求您在这一过程中提供支持与帮助。"关系到文化的存亡，新知事自然不能破例。经过相扑协会的商定，最终由副知事替太田房江登台颁奖。她的这次冲击虽然失败了，但却留下了积极的影响。

女子相扑在古代中国被认为"有伤风化"，而日本现代相扑更是直言"让女人走开"，如果追根溯源的话，不难看到这其中儒家文化的影响。这些都源于儒家文化对妇女的歧视。儒家讲究男尊女卑，妇女长期受"三纲五常"、"三从四德"的束缚，地位极其低下。中国宋元以后兴起的缠足之风，更是进一步剥夺了广大妇女的独立意志。她们的言行举止都在严密监控之下，不敢有丝毫越轨。在这种情况下，连起码的体育活动都不被允许，更不用说相扑这种袒胸露背、裸体赤足的游戏方式了。这种影响一直持续到今天，即使日本的现代文明已经高度发达，但妇女地位却依然低下。作为"男人的圣地"的相扑台，女人只好走开。由此可见儒家文化对妇女的压抑和束缚之深。

女子相扑在日本的山形、秋田、长崎、佐贺等县却一直保留着。这是

值得欣喜的一件事。随着业余相扑运动的开展，女子相扑在北海道也小有气候。女子们穿着T恤衫和衬裤在塑料垫子上进行比赛。跟男子不同的是，女子在比赛时并不撒盐，而裁判的标准服饰则是白衫、白裤与黑色蝴蝶结。

近年来，一些女性相扑学校、相扑俱乐部在日本蓬勃发展起来。这些当然受惠于越来越多的那些渴望相扑运动的女子们。业余级别的女子相扑比赛也逐渐展开。出色的女子相扑选手中有一位叫八侯远子。她和她的同伴们一起组织了一个相扑队，除了参加女子相扑比赛之外，有时候她们也会跟比她们壮得多的男选手一决胜负。

日本全国相扑学会对这一现象乐见其成。但同时表示女子相扑运动只能限于业余水平。在他们眼里，作为传统职业相扑远离女子，这是规矩。可见，日本女性要彻底打破这种禁锢还有很长一段路要走。

4. 君子相争和为贵

儒家向来提倡中庸，讲究宽恕。孔子讲“己所不欲，勿施与人”，就是说凡事都不能过分，要不偏不倚。体育运动也不能例外。但一些为军事目的而进行的训练，因其特殊性，而往往伴随着激烈的争斗。因此，人们一般都比较热衷于文化气氛比较缓和的竞技性游戏。那些军训项目不可避免地受到限制。也正是因为如此，他们反而衍生出一些新的活动内容。这些活动以娱乐为目的，迅速发展为一种大众化的体育项目，如射箭、相扑、马术等。

跟古代大多数体育活动一样，相扑也是沿着“军队——宫廷——民间”的脉络发展的。相扑最初是古代军队的练兵项目。这种角力练习最终是为以后战场上的生死肉搏做准备的。《日本书纪》里关于野见和当麻的故事也可以证明这一点。在日本，相扑一开始重在生死搏斗，后来随着相扑进

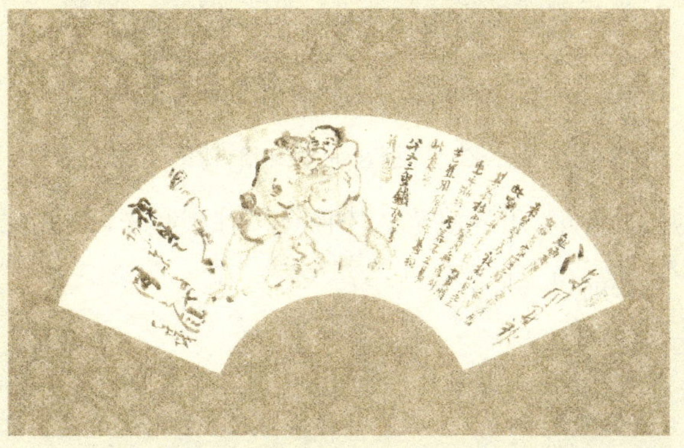

□ 古画《角力图》

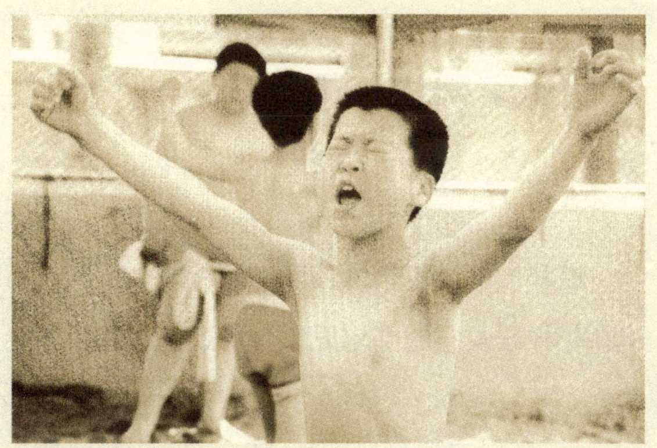

□ 相扑少年

入宫廷，其表演性越来越受到重视。当时的相扑甚至成为百戏中最精彩的一个项目。作为最受欢迎的一种游戏活动，人们越来越重视其观赏价值和娱乐价值。因此，虽然作为一种对抗活动，相扑仍不可避免地具有竞争性，但却与练兵、决斗为目的的角力有了本质区别。角力是为了他日战场上的你死我活而进行的模拟演练。如同当麻和野见，像仇人一样互搏，置对方于死地而后快。这就要求在战斗中可以不择手段，毫不留情。但娱乐性相扑活动却要严格遵守一定的规则，在活动中以保证人身安全为前提，动作都要避开对手的要害部位。

日本相扑经由宫廷相扑、武家相扑、劝进相扑逐渐发展为现在的职业大相扑。在这个过程中，相扑运动的参与者越来越多，礼法和规则也越来越细致。像立合不当，仕切不标准，比赛时故意揪对方头发、抓咽喉、握拳打踢对方的胸腹等行为都不被允许。如果选手在比赛中违反相扑礼法和

规则，就被判违规从而输掉这一局。相扑文化在这种规则中逐渐得到规范和发扬。与此同时，相扑力士的安全也得到了一定的保证，从而体现了体育精神的公平性。这些规则对相扑的普及也做出了不可磨灭的贡献。使其在青少年、儿童和老人中间逐渐开展起来，成为他们强身健体的训练方式。相扑前景一片大好。

二、道家文化与相扑

道家文化对传统体育理论的形成、发展有着举足轻重的影响。这种影响在相扑以及它的同宗兄弟角力、角抵和柔道中无处不在。道家思想的核心是“道”。在道家那里，道是万物之本，宇宙之源，是自然运动的规律。它不可捉摸，但又无处不在无时不有。我们人生追求的最高境界便应该是这种宇宙大“道”。因此，在他们看来，体育运动便成了悟道、求道的手段。相扑的最高境界也是“道”。相扑的训练法、立合、礼法、技术以及相扑理论都无处不浸染着“道”的精神。

1. 动如狡兔，静若处子

相扑的战术策略中非常重要的一条是以静制动，以柔克刚，因敌变化，后发制人。这显然是对老子“反者道之功，弱者道之用”的辩证思想的应用。强调事物向其反向转化的一面。所谓“以柔克刚”“后发制人”，指的是

相扑时要平心静气，避对手之锋芒，诱敌深入，最后集全身之力“毕其功于一役”。在这个过程中要耐心等待对方暴露缺点，趁其进攻受挫，心浮气躁，重心不稳之时轻松击败对方。

□ 江户时代相扑力士黑云龙五郎

体重对相扑力士来说非常重要。为了保持体重，力士们每天都要花很多时间在饮食、端坐和静养上，相比而言训练量便不是很大。所谓静养，不但要求清心寡欲，还要配合以闭气、缓息的方法，以求将运动损耗降到最低。这种修行方式与道功、道术非常相像。道功是修性养神的内养功夫，强调清静、寡欲、息虑、坐忘、守一、养性、存思、抱朴（过朴素生活）。吐纳、导引、服气、胎息、饮食等修命固本的具体方法则是指道术。

2. 阴阳调和，形神统一

阴阳对立统一的辩证法原理广泛应用于相扑的技击方法上。在《内经》这本书里对阴阳是万物变化的契机与本源做出了明确的解释：“阴阳者，天地之道也，万物之纲纪，变化之父母，生杀之本始，神明之府也。”反映在相扑上，这一哲学概念便构成了丰富而又神奇的“技麻利”七十手。

这种技击方法正是由极富辩证精神的虚实、开合、进退、攻守、收放、轻重的不同组合与对抗转化而来。相扑讲究形神统一，尤其重视神的主导地位。作为让选手心平气和、鼓劲运气方法的“立合”就十分强调心、身、意、气的统一。而这中间又要以“心”为主导，以“意”为首要。所谓“用技易，治心难，手足运用，莫不由心”说的就是这一点。

3. 小场地大乾坤

古人认为“水、火、木、金、土”是构成物质的五种基本要素。这就是“五行”的起源。它代表了许多概念。如 “东、南、西、北、中”五个方位，“青、红、白、黑、黄”五种颜色，甚至“肝、心、肺、肾、脾”五种脏器。

□ 四象图　中国古代把天空里的恒星划分成为“三垣”和“四象”七大星区。其中，在“三垣”外围分布着“四象”。由于地球围绕太阳公转，天空的星相也随着季节转换。每到冬春之交的傍晚，苍龙显现；春夏之交，玄武升起；夏秋之交，白虎露头；秋冬之交，朱雀上升。又有人总称为“四大神兽”。

这种阴阳五行思想同样体现在相扑比赛的土俵场中。“土俵”场地设计成圆形——代表了混沌初开，即阴和阳的双重宇宙观从此诞生。土俵场的土俵高54厘米，各边长755厘米，中间是直径455厘米的圆形小俵。分别由28个小土俵组成。这些小土俵都用坚硬的

黏土构筑而成。28 表示天上的二十八星宿。在古代土俵场的上方用四根柱支撑，如今则一般吊挂一个“神明造物顶”。这种顶类似神社模型，古色古香，别具一格。在电视普及之前，屋顶四角还往往点缀着由青、赤、白、黑四种颜色组成的彩色流苏。这些流苏按照青龙（在东面表春）、朱雀（在南面表夏）、白虎（在西面表秋）、玄武（在北面表冬）的方位垂挂，寓意相扑比赛四季不断。还暗合了相扑力士身体康健，四季发财等吉祥如意的意思。但电视普及之后，由于这些流苏会在拍摄的时候阻挡镜头，从而被废除了。

三、佛教文化与相扑

佛教文化对相扑的影响，主要体现在武家相扑与禅宗的结合上。禅宗是佛教在传入中国后与儒、道相融合的产物。后来，日本僧人荣西（公元 1141 年～公元 1215 年）和道远（公元 1200 年～公元 1253 年）将禅宗从中国引入日本，形成日本禅宗。镰仓后期以后，禅宗开始与武士道精神结合。“忠、孝、仁、义”是武士道的思想

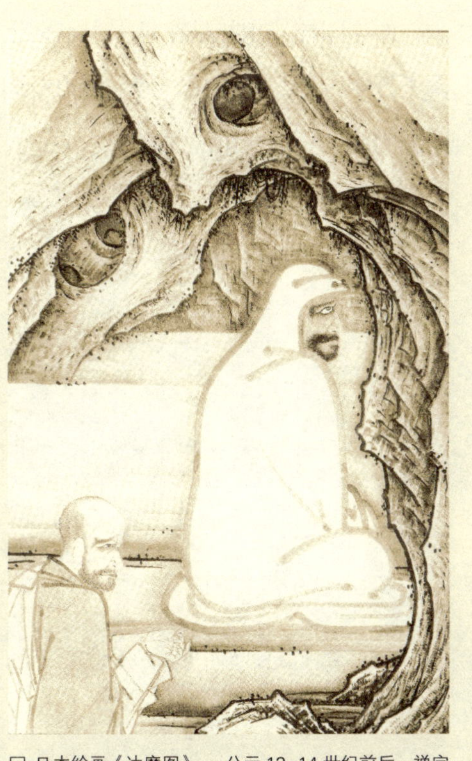

□ 日本绘画《达摩图》　公元 13~14 世纪前后，禅宗佛教在日本变得非常流行。

核心。为了做到这一点，武士们必须要清戒苦修，领悟到死为长驻的境界，只有这样，才能在关键时刻献出生命而无悔。随着禅宗与武士道的结合，这种精神更深层化了。“禅在道德上要让武士们一旦决定进路之后必勇往直前决不后退，哲学上让武士明生死并无差别。”禅宗深深影响了作为武士道要素之一的武家相扑。禅的修行单纯，决断，自持，克己，其戒律同武士的精神是一致的。相扑的训练方法也体现了这种戒律精神。“相扑部屋”是为武士们专设的修习相扑的地方。在这里，武士们必须遵守严格的纪律，除了吃饭的时间之外，终日训练、静坐。他们严禁外出，严禁酒、色，以“寂照静默”达到“修歇身心”，为以后的实战做准备。

作为国粹，相扑是在日本本土文化孕育下开出的一朵奇葩。但它同时离不开中国传统文化儒、道、佛的浸润滋养，因此更是东方文化宝库中的一颗明珠。

附件 1 国技馆

乘坐日本 JR 快速电车到东京两国站下车后，第一个映入你眼帘的便是有着淡绿色屋顶,具有日本建筑风格的两国国技馆。作为国技大相扑的殿堂，以可夸耀的雄伟姿态展示给从此地过往的行人。

国技馆的建设可谓历经沧桑，多灾多难的命运一直伴随着它。

明治 42 年（公元 1909 年）5 月在两国的回向院内建成了历史上第一座常设性大相扑国技馆。以前人们进行相扑比赛时总是在野外进行，没有一个固定的场所，并且还要受天气变化的影响，特别是在雨季，经常出现将赛事推延 1 个月的情况。当时建成的国技馆以欧洲建筑风格为主，曾一度成为东京颇受瞩目的名建筑。整项工程约耗费 30 万日元。据说筹措此项资金的人是当时日本相扑协会的管理者雷（原横纲级力士梅谷），他向银行提出贷款的申请，并凭借本人的实力为自己作担保。

大正 6 年(公元 1917 年)11 月 24 日,国技馆第一次陷入了悲惨的境地。因在国技馆内举办菊偶人大会不慎失火，致使整个国技馆化为一片废墟。大正 8 年（公元 1919 年）4 月，在重建的国技馆已初具规模时，因暴风的侵袭再次化为瓦砾。厄运还远未终止，大正 12 年（公元 1923 年）9 月 1 日发生的关东大地震．再次将建成仅有 4 年的国技馆毁于一旦。在毫无办法的情况下，第二年春季比赛只得在名古屋露天赛场上举行。

昭和 19 年（公元 1944 年）重建的国技馆又被日本军部接管了，被迫卷入了战争的漩涡中。公元 1945 年 3 月，因美军对东京实施了大空袭，国技馆在空袭中全部烧毁。在这残垣断壁的废墟里依然举办了 6 月场的比赛。之后，日本战败投降，国技馆被占领军接收，被迫更名为“战争纪念馆”。昭和 21 年（公元 1946 年），在经过稍加改造的“战争纪念馆”内举办了为期 13 天的秋季比赛。而公元 1947 年、1948 年两届比赛却是在

□ 新馆外景

明治神宫外苑，搭起土俵台，露天举行的。昭和23年（公元1948年）在大孤市建成了一座临时国技馆，成为相扑比赛的根据地。

昭和24年（公元1949年），相扑界人士开始着手准备在东京建一座新国技馆。到了昭和25年（公元1950年），终于将大相扑的根据地定在藏前，于1954年举行了藏前国技馆的揭幕仪式。藏前国技馆外观与两国旧国技馆的欧洲建筑风格不同，完全采用了日本和风式建筑风格，全部工程耗费约23亿日元，馆内可容纳观众1.1万人。当时建馆所用的钢筋是从日本海军飞机场仓库里拆卸下来的旧钢筋。在藏前国技馆取得优胜的第一位力士是当时在秋季赛事上获胜的大关级力士栃锦，栃锦在此馆内连胜两次后晋升为横纲级力士。栃锦引退后成为春日野理事长，开始继续前人重建新馆的计划。昭和49年（公元1974年），由武藏川继任理事长的春日野，就任后立即致力于实现新馆建设的计划。但重建新馆面临重重困难。首先，必须有足够大的场地；其次，必须有雄厚的资金支持；再次，还应考虑新馆建设期间在何处举行相扑比赛。为了解决种种难题，春日野费了将近10年的心血。他决定将藏前的土地卖掉，所得费用作为建筑资金，重新将国技馆建在东京，土地租金可以用相扑协会的保留金充当。在这样没有贷款的条件下，开始了两国新国技馆的建设。

昭和60年（公元1985年）1月，在两国地区完成了新馆的建设。耗资150亿日元，花了将近3年的时间。至此“大相扑的殿堂”诞生了。新两国国技馆占地18280平方米，分地上三层和地下两层，可容纳观众11980人。土俵为自动升降型，除作相扑赛场用外，还可以充当多功能馆。在新馆内第一位取胜的力士是获得15场全胜的千代富士。新馆为防止灾害的重演，馆内备有食品仓库，净化雨水装置，还准备了小型自动发电机，即使再次发生像关东大地震那样的破坏性灾难，也不会受损。耐用抗震型两国新国技馆必将把大相扑赛场上一幕幕激烈的格斗场面呈现给喜爱此项运动的相扑迷们。

□ 新馆内人声鼎沸

附件2 “火烧”土俵场

日本唯一女知事太田房江本应为公元2002年3月12日在大阪市的日本全国相扑春季大赛（11日开始在大阪府立体育馆举行）的优胜者登台颁奖，却不料被日本相扑协会以“女人不得登相扑台”为借口回绝，性别的差异使女知事对相扑比赛台可望而不可及。

现年48岁的太田房江可以称得上是一位女强人。她公元1975年毕业于日本最著名的东京大学经济学部，后进入通产省工作；1994年任近畿通产局总务计划部长；1997年任冈山县副知事；1999年任通产省消费者行政审议官；2000年2月在大阪府前知事因性丑闻被起诉辞职后补选为大阪府知事。太田房江能够成为日本首位女知事，而且还是关西第一重镇、日本第二大城市大阪府的知事，这在以男人为中心的日本社会犹如一石激起千层浪，引起了极大的反响。也正因为如此，她的言行举止也就格外引人注目。俗话说“新官上任三把火”，女知事上任伊始点燃的第一把火，便是欲冲击女人的“禁区”、男人的“圣地”——土俵场。日本相扑协会理事长时津风（原大关丰山）就此事明确表示，由于“女生禁止入内”的传统，不可能批准她进入相扑场颁奖的要求。知事这边尊重相扑协会的想法放弃了要求。但是，在比赛临近时，太田知事重新发表宣言说：“希望亲手发奖的心情没有变。只想堂堂正正在相扑台上发奖。”时津风理事长则说：“日本相扑协会不会改变维护悠久传统文化的立场。”

也有报道说相扑协会同意太田知事在祭神仪式结束后进入相扑场。而相扑协会直接否定了这一报道，说：“没有研究过此事。”大阪府也表示为难，说：“有这种可能就是认为女性不干净的（迷信）观念还在人们的脑子里根深蒂固。”最终，女知事不得不向相扑协会妥协。

相扑运动被称为日本的“国技”，是从日本神道教祭祀仪式演化而来

的一种纯男性竞技运动。相扑选手受到人们的尊敬。但相扑台被视为神圣之地，忌讳繁多，女性被绝对禁止踏进赛台。其理由荒唐至极——女子为“不洁”之躯。日本的相扑比赛每年有六个赛季，在每一赛季最后一天的颁奖大会上，一些国家的驻日使节、日本政府官员及比赛举办地的知事要向优胜者颁奖。身为大阪府知事的太田房江按照惯例本应于3月12日登台颁奖，却被日本相扑协会以“我们要维护日本的传统文化”为由遭到拒绝。女知事万般无奈之下不得不向相扑协会妥协，放弃了自己的“非分”要求，同意另派一位男性副知事代她颁奖。

第二章
特立独行

□ 相扑锦绘之东方部屋入场图

第二章

特立独行

相扑力士巨大而呈梨状且几乎全裸的身躯在土俵场上比赛，在精神和体力上，表现出一种独特的阳刚之美。这些相扑力士身姿和步伐都很灵活，观众非常喜欢，特别是每次比赛冠军都能受到日本民众的热烈欢迎。那些有“横纲”称号的力士，在国民心中，地位和威望甚至比内阁大臣还要重。身材纤细的妙龄女郎，以嫁给相扑力士为荣。美丽的歌星影星以及名门闺秀，常常成为相扑力士选妻的首要目标。

独特的人体美

几乎赤裸的两个大胖子，在直径四五米的圆台内，蹲着对视。一声令下，两方经挤、推、搡、按一番动作，一方把另一方弄翻在地。这是马戏吗？这是滑稽表演吗？……难道这能叫做体育比赛？是的，日本人就是被相扑这种国技所深深吸引。

除了“丁字兜裆布”和锦质丝带“回”，相扑力士身体大部分赤裸，这是相扑的一个突出特点。裸体比赛历史悠久。进行角力和相扑比赛时，从胡人到中国晋朝汉人，到高丽人，一律短裤赤身。经几个世纪发展，相扑最终蜕变为拥有日本本土特色的国技。“兜裆布”成为比赛服，相扑运动的技术规则更加完备。至此，裸体的意义早已不局限于防止比赛双方撕扯衣服而影响比赛，更重要的是裸体训练、比赛展现出人体自然美和健康美。像古代奥林匹克运动员一样，这一种训练形式为观众所欣赏。比赛中，力士的身体以及动作全部展现给观众，表现出力士的健康美，观赏性加强。同时，这也促使受训者开始积极关心自身身体状况。健康、强壮这一训练目的令选手提高相应意识，也使大众文化体育心理受到影响。

作为职业力士，要求其 20 岁后身高和体重分别在 175 厘米以上和 120

千克以上，体型高壮。某些一流力士身高可达到 190 厘米左右，体重则要达到 200 多千克。如相扑横纲武藏丸，身高接近 2 米，体重将要突破 230 千克的极限，为 225 千克。

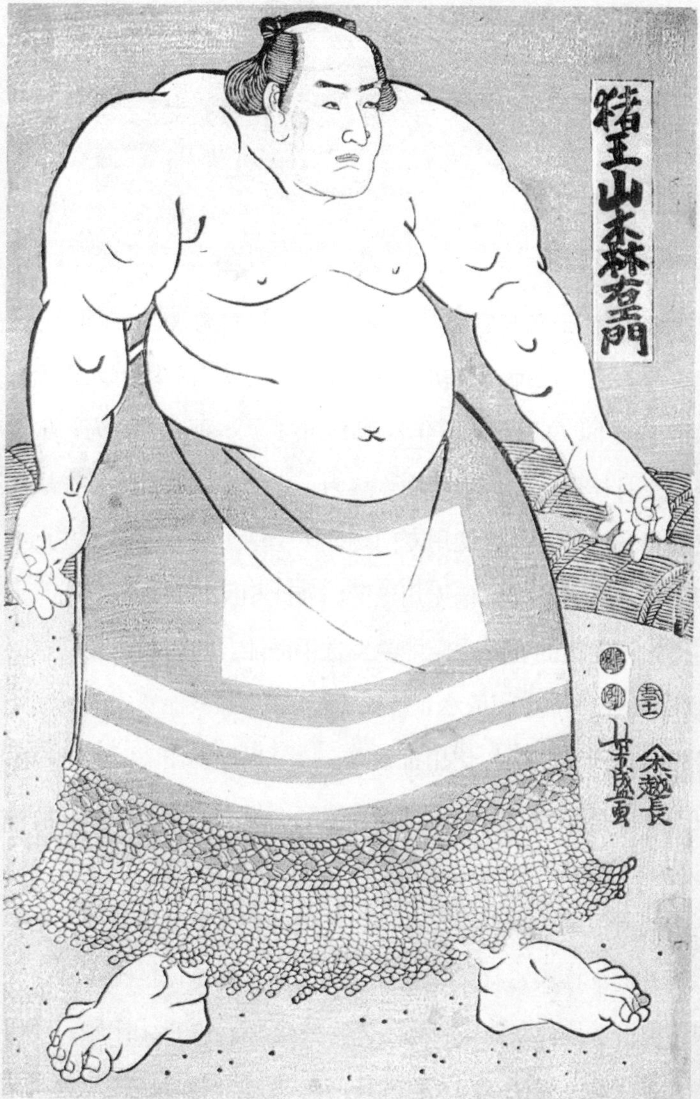

□ 江户时代相扑锦绘图之一　透过这幅图画，我们可以一目了然相扑力士这种独特的“人体美”。

圆形圣物

土俵是相扑的比赛场。与其它项目的场地比，土俵较为狭小，面积不大。狭小的土俵能否作为比赛场地，最初受到质疑。它的使用开始于天正（公元1573年）至庆长年间（公元1596年～1614年）。一种观点认为，土俵场训练能培养将士身体素质。另一种观点认为，相扑是一种武技，在战场上能够充分发挥自身优势，是否使用专门场地（土俵）进行训练，并无实际意义。这正是岩井播磨的“土俵无用论”。与此相反，明石道寿在“土俵必要论”中提出：土俵的有限空间能激发选手潜能。因为即使在广阔的战场上，敌手间近身格斗的空间依然非常狭小。土俵在正式比赛中的运用，也带动了相扑技术的改变。开始使用推、突、摔、捉等动作，以便把对手逼出圈外。对力士体格和体力的要求，因土俵空间狭小而逐渐提高。许多攻击性和制胜的招式随相扑力士的需要而出现，立刻备受关注。

土俵场在古代有很高的地位，是圣物，其传说和故事充满着神秘化的色彩。同时，相扑逐渐摆脱古代诸多礼仪，成为一种体育竞技比赛项目。土俵的标准规格被日本相扑联盟重新规定。与公元16、17世纪比较，现代相扑比赛规则略有不同。相扑台16厘米高，18平方米见方，呈开放式。

依照传统，台子上要撒一层盐，用于去除污垢。相扑台就是一块硬泥地，由粘土建成，大约需要7车之多。按照传统，黏土每年更换一次。土俵场周围还要垒一圈米袋，袋子上绘有特殊图案。米袋要码实深埋泥中，彼此间用草绳扎紧、固定。在米袋码好的正方形中，有直径为452厘米的圆圈（内俵），这是比赛区。

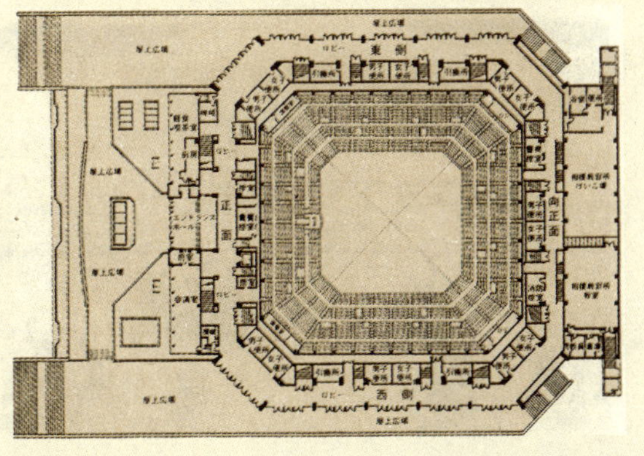

□ 相扑场二三层布局图

相扑台上有4根410厘米的木柱，用来支撑人字形屋顶，并且彼此颜色不一，代表意义不同。代表春天的柱子呈绿色，在东北角，叫做青房。代表夏天的柱子在东南角，叫做赤房。代表冬天的柱子在西北角，叫做黑房。代表秋天的柱子在西南角，叫做白房。这四根柱子象征相扑比赛一年四季都举行，相扑力士四季都有健康体魄。

大体上相扑比赛是在圆形的土俵上举行。但在圆圈外，东西南北还各有四俵，被叫做德俵。德俵的直径长于内直径，因此，比赛区（内俵）呈现出一个不规则的圆形。最初，德俵是为排出比赛场地内积水而设计。如今土俵场已不再用德俵排水。但德俵并不影响双方比赛，所以仍作为传统设施，被保留下来。

比赛时，土俵内要洒一层细沙，用以覆盖圆周内和土俵外线部（蛇之目），地面也相应变得高低不平。因此规定，负方是足底以外身体任何部分先触沙者。选手在比赛中都非常注意这一点。

□ 古相扑竞技图

裸体赤足的比赛特征是保留在现代大相扑中的传统礼仪规则。土俵场的设施配备要求极高，目的是为防止选手在比赛中受到伤害。练习时用的土俵场既可在室内也可在室外，而正式比赛的土俵场则在室外。按照传统，为使选手进行“仕切”时避免阳光，按自然方位，土俵场通常正面朝东。现如今，为了能更好地利用场地，土俵场设在特定的相扑竞技馆内。除了有自身配置特点，辅助设施与其它体育馆一样，现代土俵场也需要交通便利，场地清洁，无噪音，排、供水系统和效果良好的灯光，音响设备等。像更衣室、壁橱室、浴室、本部室、记者席、广播室、医务室、洗手间、旗杆、观众席、停车场等通常设施，土俵场也都设立。而水桶、勺子、化妆纸、盐、水及专门的相扑服装——“兜裆布”等专用品则必须配备。公元1909年，现代第一次正规相扑比赛场于东京两国地区建立。直到二战结束后，比赛场迁至原址附近的藏前地区，此后40年间一直在那里。在原址和两国车站附近，于公元1985年建立了一个能容纳11000人观赛的新相扑馆。

像公元18世纪《江都劝进大相扑浮绘之图》中描绘的，观赛时观众在土俵周围，类似于中国古代的擂台比赛。直到昭和27年（公元1952年）9月，为观赛时视野开阔，四角木柱被吊挂式屋顶代替，四色房随之消失。

重量之争

由于相扑运动不分重量级别，选手在比赛时遇见体重是自己两倍以上的选手是常事。其激烈性和独特性，成为比赛的看点。许多重量级选手纷纷出现，如：体重超过 250 千克的“大关”级力士小锦，虽然由于多种原因，他到退役也没能获得“横纲”称号，但仍然非常受欢迎，观众已经对其体型和力量相当熟知。

不同于其它比赛项目仅以倒地为判断标准，相扑比赛中倒地和瞬时触地都为输。同样，一方被另一方推出直径为 455 厘米的圆土台，或是自己收足不及冲出场地的，都算负方。可以看出，相扑比赛不是选手体力耗尽才能分胜负，通常对抗虽然激烈，但比赛时间并不长。

长期特殊训练和填鸭式过量饮食是相扑力士从小就开始接受的，从而形成特定体型和气质。同时，因等级规定、师承门派、生活习惯和传统服饰等严格规定，这一特殊职业群体受到大众关注。

力士们都不断增加自己的重量，以适应比赛不按体重分级别的特性，越重越有优势。下身重量的增加，会使重心降低，下盘更加稳定，在比赛中就优于其他选手，身体稳固。

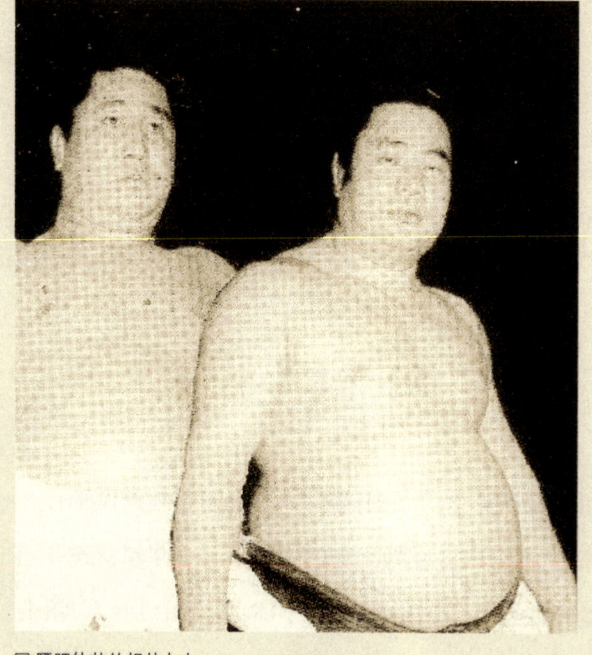

□ 膘肥体壮的相扑力士

在日本，相扑运动员通常出身贫寒，为能出人头地，他们从小在“相扑部屋”接受教育。因为不分重量级别的比赛越是膘肥体重、人高马大就越占优势，所以运动员就以减少运动量来保持肥胖。同样，每天饱餐两顿，加上长时间睡眠，而其间只有短时间训练也是长胖的秘诀所在。

规定要求相扑运动员身高必须在 175 厘米以上，身高越高，体重也相应增加，对选手越是有利。

不同于一般比赛的一年一次，几年一次，职业相扑比赛是一年六次轮流在各城市举办。比赛间间隔不长，终年不断。因此，部分相扑运动员可以一年夺冠数次。借助媒体宣传，相扑运动员得以与观众亲密接触，相扑影响力也随之加强。

传统程式

固定的礼拜是每场比赛前的特定仪式。“力水”漱口，“力纸”擦身，举手示意，各代表着净化心灵，增长气力和公平竞争。开赛前，为祈求神灵保佑，力士各抓一把盐抛向天空，以期得到庇护。然后同时向台中心行进，在中央分界线两侧站定，手自然下垂，体微向前倾，调匀呼吸，彼此对视，

□ 注重礼仪的相扑　很多人跟相扑选手接触下来，感觉他们简直是一群古代礼仪的“活化石”，自律、守时、优雅，说话都是耳语，绝不大声喧哗，吃饭也很“秀气”，一小口一小口地吃，远不像人们想象中的狼吞虎咽。

此为立合。立合，指从摆架势到比赛之前的系列动作。这一过程充分体现出相扑比赛趣味性特点，即如何巧妙利用从摆架势到与对手身体接触前的一段间隔。此刻，观众因之战斗即将开始，无不凝神静气，进入大战爆发前的宁静。在比赛时，力士所有招式和举动，都有特定的意义和出处，世代相传，成为一种“程式”。因此，外国人“通过相扑运动能了解日本人的传统”。

一、立合

1. 立合的发展

立合是相扑的乐趣所在，而胜负在此后瞬间决出。在没有土俵，没有摆架的创始时代，相扑在观众围成的房屋中举行。选手互相组合，把对手摔倒的一方为胜。相扑成为竞技项目后，将圆形土俵设置为比赛场地，特别设计一套摆架的姿势，突出立合在战略上的重要性。劝进相扑初期，正式比赛前，通常由“行司”（裁判）用“军配”（纸扇）指导立合进行。这正是“行司”的义务和责任，使比赛双方同时、同条件调呼吸、运气，公平交手。“一声的种类”是对立合的另一种称呼，开始于贞享年间，此时双方开始发声，直到赛出胜负。“一声的种类”及自发的“立合”成为相扑特殊的开场方式。

比赛中，立合方式有三种：参赛双方根据裁判吆喝，举双手立合；自

发吆喝，同时伸出双手立合；在听到裁判吆喝，得到暗示的一霎那，参赛双方自发立合。以上是符合规定、最为标准的立合方式。

昭和44年（公元1969年）4月，“伴随吆喝声”被改为“依据吆喝声”，以此增强裁判权威。“依据吆喝声”强调了裁判权力，要求选手必须服从。而之前的“伴随吆喝声”体现双方与裁判的一体化。修改改变了立合的混乱局面，但是以牺牲双方的气力协调，丧失自发性为代价。

2. 标准立合

相扑的趣味在于立合，立合是相扑竞技的开始。理想的立合是比赛双方从运气，到摆架势、交手，体力和精力都充沛，进而一决雌雄。要想达到理想的立合，除了需要裁判的帮助，更需要双方遵守规则。选手未伸手而过早站起交手；故意等待，重复；以自我为重心立合，无视对手等是日本相扑联盟总结的造成立合混乱的主要原因。针对此情况，对多次犯规者，裁判可以判选手输掉比赛。

二、裁判裁决

裁判又叫做行司，依不同等级穿不同颜色服装，用纸扇来指挥力士出场、比赛和宣布结果。行司在职业比赛中，主要职责是判定胜负，其次是调整双方技术动作和激发双方气势，同时协调运气、呼吸。在业余比赛中，

□ 裁判用纸扇来指挥力士　照片中，身着唐服的人便是相扑裁判。

裁判主要负责鼓励双方交手、进行公平比赛，并给与相应指导，保证比赛顺利，决出胜负。

台上主裁判在比赛中评论选手的每个动作，在台下四角各坐一名副裁判。当双方选手同时倒地，主裁判不能确定谁胜谁负时，由四名副裁判合议，给出结果。力士在比赛中，用推、撞、顶等动作，身体某一细节，脚趾、脚跟，只要踏出土俵之外，就被判输。土俵内，脚底以外的任何部位着地都算输。当双方同时摔出土俵，先触地的一方算输。相扑比赛规则严格，胜负分明。比赛中，不可抓对方腰部以下，不允许揪对方头发、耳朵，不可拧打、踢、蹬对方，违犯者罚出场。对于受伤无法继续比赛及顶撞裁判、不服指示的，裁判可以判其放弃或输。

1. 裁判员和主裁的关系

由相扑协会认可的裁判员，应根据公认裁判规则提高自身业务水平。除冷静、果断、细致公正判定外，还要谦和好礼。作为国技相扑的裁判，其行为往往成为公众效仿的榜样。裁判长承担整个比赛的全部责任，其不在时，由副裁判长代行其职。主、副裁判长对裁判员的判决起监督作用，若存有异议，可要求主、副裁判合议。副裁判确保比赛公正进行，并由裁

判长协调。

2. 主裁判

主裁负责胜负判定，并深知其举动对选手和观众有很大影响。主裁十分关注选手立合，同时努力使自己与选手双方形成三位一体的立合。公平、中立的原则对主裁来说，必须坚持贯彻。为确保比赛正常进行，主裁还要留心选手的兜裆布是否牢固。在与副裁合议中，主裁的判定意见起基本参考作用。主裁可以依据副裁指示暂停比赛，还可接受裁判长示意，直接终止比赛。

3. 副裁判

副裁对主裁的判定起补充、监督作用，达到防止错判、漏判的目的。若对主裁有异议，副裁可与主裁就异议之处进行合议。通常提出异议时，副裁应举手，并且其他副裁同时起立。意见提出时须简洁，商榷时可坚持己见，但不可因坚持自己意见而影响主裁判定，对比赛顺利进行造成影响。副裁不可在比赛决胜负时，打断比赛提出自己异议。

4. 主裁的规则

主裁在选手行“尘手水”礼时，从土俵另侧入场，行至内侧站立（立礼时也一样）。在选手准备比赛时，主裁方可轻轻向前走两步，大声吆喝，以

□ 裁判告示牌

示示意。接下来，左脚后退一步，右脚斜向前半步，膝轻屈，体前倾，左手水平指向内，代表立合开始。主裁站位要合理，利于观察和判定选手动作，且自身动作敏捷，不可妨碍比赛进行。同时，在裁判时切不可踩到土俵圆周上的沙（蛇之目）。比赛结束后，主裁伸腕指向胜方，宣布“东胜”或“西胜”。

三、相扑礼俗

将对手逼出土俵场，或是使对方除脚底外的其他部位触地是相扑比赛的目标。比赛双方在比拼前，一般花几分钟进行伸胳膊、跺脚、蹲坐等准备活动，并瞪视对方。同时，往空中撒盐以达到清洁比赛场地的效果。

虽然热身需要很长时间，但常常几秒钟就可以结束比赛。有些则持续几分钟，少数还需要中场休息，以使力士休息过后再比出胜负。

力士需要一定的素质和修养，因为相扑在日本是一项高雅的职业。它因庄重、镇定而被人们所喜爱、从未传出选手对裁判判决有争议或体育道德较差的传闻。比赛中，可以用手大力拍击对手上半身，但绝不允许拳打脚踢、揪头发等动作出现。对于结果相近的情况，需经评判员审议。无论结果怎样，两方都很少表现出不满和异议。偶有情绪也很少超越皱眉的程度。

相扑力士的礼仪文化有以下几种：撒盐（siomaki）：入土俵时，力士会在土俵上撒盐，达到驱邪的目的。撒盐有两层含义：其一，比赛中受神佑护，

免于受伤。其二，在土俵上撒盐，可以起到消毒作用，即使在比赛中受伤，也可起到防护作用。相扑举办期间，每天用将近 45 千克的盐。

尘（chiri）：是尘手水（chirityozu）的简称。力士分别蹲在土俵一侧，双手合击而后掌心向上水平向两边伸展，再向上翻手掌。此动作的目的在于力士向对手展示自己没有挟带任何武器，可公平比赛。源自古代相扑比赛在露天进行，力士以草净手。

四股（shiko）：双脚轮流跺地，以力士彪悍的身躯、有力的踩踏，震慑地下的邪灵。在宗教方面，此动作含义深远，也称“力足”。对力士而言，这也是比赛前的热身。

蹲踞（sonkyo）：脚尖着地，两膝外张，腰保持稳定，双肩放松，两手放于膝，这是力士的基本姿势之一。维持稳定，上身必须挺直，才能平衡，以表示对对手的尊敬。看似容易，但需要有相当经验才能维持这个动作。

仕切（sikiri）：接四股后直接弯腰的一个动作，将两肘放于两膝，下巴微微抬起，注视对手，使精神专注，进入了一级战备。如此反复几次，力士们便可调整至随时可战的状态。

□ 相扑礼俗　日本相扑协会理事长北之湖说，大相扑是一项具有1500 年历史的日本固有的体育项目，它通过长期的历史积累，形成了一套独特注重形式美的礼节、规则，已经成为日本最具代表性的传统文化之一。如今大相扑以“民间友好使者”为己任，越来越受到欢迎。

手刀（tegatana）："行司"（裁判）宣布获胜后，优胜力士可领取实物和现金作为奖励。这时候力士会将右手呈刀状向左、右、中切下，以此向三位神明表示感谢，这就是手刀。通常，只有幕内级力士才可以领取现金奖励，最高可拿到合人民币 500 万元奖金。

四、相扑规矩

举行比赛时，选手和工作人员必须在大会开始前（至少 30 分钟前）到达赛场，佩戴徽章。同时，他们所穿的服装（兜裆布）必须要系紧。而未参加比赛的选手和工作人员则要服从安排，有秩序行动，在指定位置就坐。同时，中小学生参加比赛同样需要穿比赛用服装（短裤或兜裆布），而且要佩戴校徽队章于规定位置。他们中有段位者也要佩戴段位章。

□ 相扑比赛前的场景

选手在团体比赛中，在土俵下东西两边按出场顺序排列。两队选手根据裁判指示，同时立礼后可就位。选手听到传唤，进入土俵场，在德俵内行"尘净水"礼，

再进入土俵中央，进行“仕切”。双方在决出胜负后，回到德俵内侧，行礼，主裁向胜者颁发荣誉证书和奖品，走下土俵。全部选手在决出胜负后依裁判指示，在土俵下排列整齐，行立礼，退场。选手在赛场上禁止摩擦脚，以及在柱子上擦手等动作。同时，选手在土俵边伸脚也必须符合一定规定。另外，参赛选手还要保持身体干净，尤其确保手足洁净。

五、“仕切”

眼神是相扑比赛的开始。相扑比赛最激动人心的“仕切”靠的就是眼神的力量。其间力士们斗鸡般毒目对视，以达到震慑、蔑视对手的目的。这也恰恰暗合了“仕切”摆架势、打心理战的意思。开始的时候，力士们相距 70 厘米左右，互相蹲着，以眼神互相对视，同时调整呼吸。对视一阵后，选手在起跳前，走出圈外，擦身子，喝水，撒盐到圈子里。这样重复摆架势要持续多遍，最多可达 5 次。这样，到真正比赛要等十几分钟，因而许多外国人常感无聊，甚至开始瞌睡。但就是这种眼神的较量在很大程度上决定了比赛的胜负，成为比赛的精彩环节。例如，夏威夷出生的“横纲”曙在真正交手前，就以其凶恶的眼神把对手吓出土俵场。如若两位力士开场直接扭打在一起，定会失去很多乐趣。

起跳前的摆架势在过去没有时间限制，由此，双方可以无休止地以眼神相较量。日本观众对此非常着迷。当然，这样也给裁判带来麻烦，同时

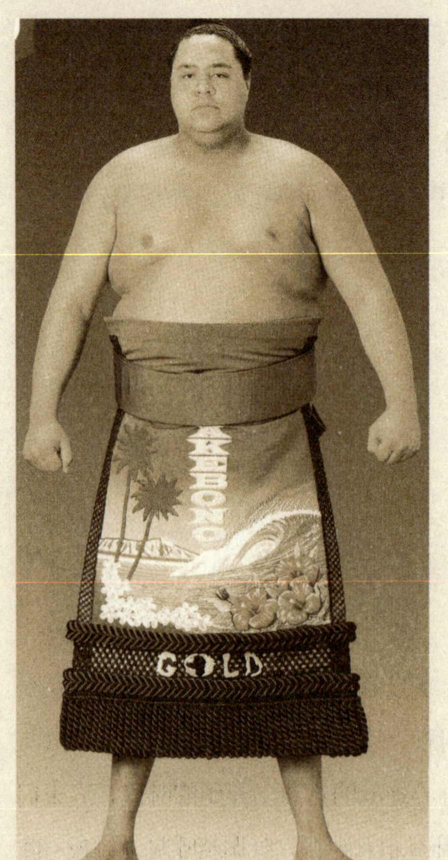

□ 曙　曙作为第一位外国人横纲，以极具威力的掌击和推击为武器。

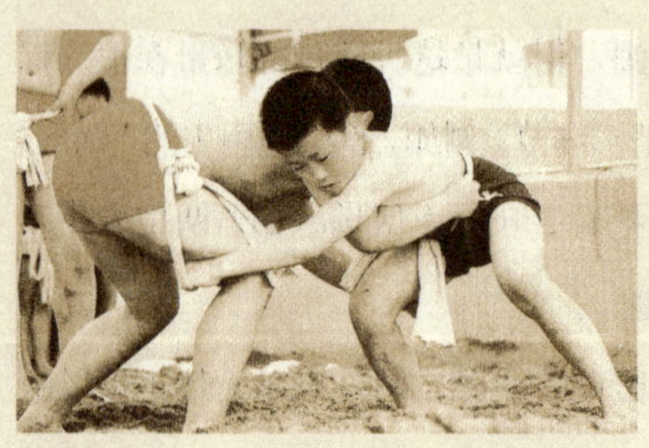
□ 相扑训练图

或多或少也消耗了观众耐心。因此，裁判只能判不起跳的一方输。直至昭和3年（公元1928年），摆架势的时间才随着电台、电视台直播相扑比赛而有所规定，不同级别，“仕切”时间长短不一。之后又连续4次缩短，幕内级选手的时间限定在4分钟内，最后一次是昭和29年（公元1954年）作出的。

六、相扑培训

相扑力士多出自农村，一般从学徒开始。男孩初中时就被招来培训，拜“年寄”为师，进入相扑培训所当学徒。从此培训所将成为他们锻炼和生活的主要场所。由退役相扑力士担当的“年寄”管理49个相扑

训练所的一所，监督几个至 30 个不等的相扑力士。他们在指导相扑训练的同时，还要负责培养力士成长为社会人。这些学徒被称为“力士培训生”，他们是没有名次的力士，在训练所中集中训练、吃饭和睡觉，并按入门顺序以师兄、师弟相称。正式比赛中，同一训练所的力士彼此不较量，只与同级别其它训练所力士较量。每年 6 次的正式比赛领取的交通费、各种补贴和奖金都支付给“年寄”，学徒本人没有工资。

即使很有前途的相扑初学者，也要经过 5 年或更长时间才能升为较高级别，享受到职业相扑力士待遇。因此，相扑初学者的生活往往很艰难。几百名的相扑力士中，只有几十名能达到职业水平。年轻力士的“家”就是训练所，其生活方式与家族制度一致。所长像父亲，所长妻子是母亲，被叫做“师娘”，力士则是孩子。他们经常向师娘而不是所长诉说苦恼。师娘在所长和力士之间起着协调和疏通的作用。所长是形式上的家长，具有很高权威，甚至对力士的婚姻也可干涉。如果所长退休或去世，培训所的财产、房产、力士都由弟子或门内所长继承。培训所之间也有一种连带关系，最老的叫做“本家”，下属的叫做“分家”。在职业生涯中，由于生病或受伤，相扑手退役的情况较多，一个力士的运动生命不长，三十几岁就很少有参加比赛的了。

shiko（四股）、teppo（铁炮）和 matawari（股割）是相扑训练的三种活动。轮流抬高自己的左右腿就叫做四股。手掌不停地拍打一根木柱就是铁炮。屈膝、下蹲，以左右脚为支撑，另一只脚上伸的练习就叫做股割。

力士的早午餐安排在中午训练课程结束时，主要有特质炖菜（由几种肉和蔬菜组成的高能量的炖菜）、作料、泡菜和几大碗米饭，附带一两瓶啤酒。为了促使体重迅速增加，力士们在这样的进食之外，往往要进行几个小时的午睡。力士的体重一般超过 150 千克，甚至达 200 千克，这是与

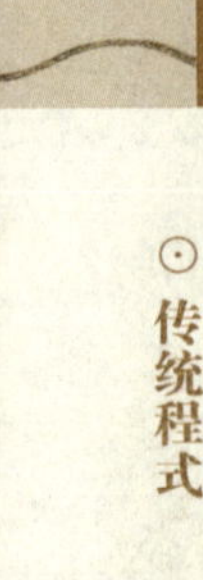

特殊的训练、饮食和睡觉安排分不开的。

比赛时，往往要经过几个回合的体力和技术比拼才能最后分出胜负。因此，相扑训练中有一种叫做“全习法”的训练方法。也就是指力士们在比赛中要与同一对手进行多次较量，一般需要两到三次的“等待”和立合。所以，选手需要充分休息来完全消除疲劳，支撑比赛。因此，技术练习的目标毫无疑问要属爆发力和灵活性。

七、相扑对峙

相扑的竞技规则简单，适合于在狭窄的土俵内半裸比赛。以先出土俵或脚底以外身体部位先触沙为败（日本相扑联盟评判规定第十九条）作为判定胜负的依据。

推、突、摔等技术可以让对手先出土俵，这成为制胜的方式。根据力学公式（力＝质量 × 加速度），力士体重加上身体移动的脚力（加速度），把力量施加于对手，逼对手出土俵。除了角力之外，还要加上体、下肢之力，集中全部力量攻击对手，“以己之长，克敌所短”，“集中优势兵力歼灭敌人”。推、捉、摔是攻击对手时的基本技法，要点是运用爆发力来破坏对手身体稳定性。因为双方发力时都积蓄了自己的最强力，所以在攻击的瞬间，各自的力量也基本被耗尽。所以，这时候只要一点点力量，就能轻松击败对手。因此，力士们必须要训练自己坚不可摧的爆发力。也就是要做到在维

持身体平衡的同时，保持身体的柔韧性和灵活性。

有绝招可以让对方脚底以外的身体部位先触沙。使用绝招的最终目的是打破对手身体平衡，“劲力”不可缺少。选手肌肉收缩加强、加快就是“劲力”，这种爆发力同时借助足、腰的灵活移动，调整和集中全身力量。

□ 古绘《相扑力士》

可以看到，集中全身之力施与对手的瞬间爆发力就是相扑。而相扑运动的组成要素主要包括敏捷的移动和柔韧的身体。同时，灵活利用相扑技术的巧妙性也是短时间决出胜负的关键。下面我们主要来阐述一下这些复杂内容。

技巧玄机

相扑要靠娴熟的技术和迅速的反应才能制胜，是“养兵千日，用兵一时”的运动。相扑比赛获胜的技巧有一百多手，包括“技麻利”七十手和传统四十八手。其动作包括推、摔、捉、拉、闪、按、提、绊、投、扭、压、顶等。其中以五种方法最为常用。这五种方法主要包括：将对手推或提起扔出场外；绊倒对方；交手时跳至一边，使对手失去平衡；在土俵边缘，将对手抛出等。“寄切”是指力士抓住对方“回（腰带）”，抱起对方，推出场外，这是比赛中最优雅的制胜技巧。还有更夸张地将对手抱出场外，这叫做“钓出”；也有“突张”，即开掌搏击；还有用头突然向对

□古绘《横纲土俵入图》之一

□ 古绘《横纲土俵入图》之二　横纲入场仪式的规定动作有“云龙型”和“不知火型”两种。在云龙型中，在做完准备体操之后，两腿作半蹲状，左臂弯曲，左手放在侧腹部，右手臂作横向伸展状。左手表示守势，右手表示攻势。而在不知火型中，两臂充分展开后慢慢地上举，以表示攻势。

手撞的“控手”，此举能将对手“押出”场外，摔倒在第一排，得到观众的赞扬。

将对手“押”出场外的一般是体位重的力士，将对手投倒在地的“投技”或“推挤”或“冲挤”一般是体位轻的力士。但对方可能闪过此法的袭击，反过来在袭击者的脖子或背上打，从而容易使袭击者倒地失败。双方互相扭搏时，一般左手在对方右手下，右手在对方左手上。如若不小心，一方双手伸到对方的双手之内，且对方无法抓住自己腰带，很容易将其摔倒或摔出场外。

充分发挥腿力、腰力、速度和技巧，是相扑比赛胜出的关键。同时更需要“寄切”和抓“回”技术及爆发力和头脑灵活。观众会为那种能把体重超其两倍的大块头戏弄的小个头鼓掌、喝彩。相扑运动的趣味在于不同重量选手参加同一级别比赛，但这不妨碍比赛的公正性。力士后天的技术、力道、意志比先天的体魄更加重要。赛场上，小个子的不畏强敌比起大个子的威风更受人尊敬，如若获胜，更能得到观众的赞扬。日本人最鄙视的就是大而无用的草包。相反，对于个小但是有出色表演的选手，即使失败，也能得到众人钦佩。由此可见，日本人更加看重以弱胜强，这与其特殊的平衡心理有密切关系。也就是不平衡的“平衡”，就像比起机械的对称与平衡，更倾心于不规则构图，喜欢奇数而不喜欢偶数一样。

在条件相当情况下，速度、全身力道的运用和正确把握时机是制胜的法宝。相扑虽没有时间限制，但胜负往往在一瞬间，很少超过五分钟，有时甚至几秒。“要不要抓对方的腰带？”一念之间，即见胜负，可谓“一瞬定千秋”。

技术体系分成四类：

一是以头部力量为重点，运用顶、曲等动作；

二是以腕部力量为重点，以扭、拧动作为主；

三是以腰部力量为重点，以摔为主要技术动作；

四是以足部力量为重点，以绊为中心。

充分协调全身各部分的力量，可以在比赛时使各种技术动作达到乘数效应。拿碰、撞、推、扭等技术动作来说，他们主要依靠腕部力量，可以打破对手平衡，使自已处在优势。当然，击败对手的法宝还是绝招，也就是“技麻利”七十手。他们由日本相扑联盟制定。

相扑是身体接触的比赛。因其一瞬间能定胜负，所以比赛前的准备至关重要。选手一定要集中精力，全力以赴。初学者要首先适应能力指导，而技术练习对初学者和中高级选手是相同的。基本的技术和方法是前辈们摸索出的，现总结如下。

一、四股

增强选手稳定和柔韧性，使选手重心稳定，动作灵活是它的目的。

方法：下蹲后，双脚以间距三只脚的宽度岔开，其与地面角度呈120度。以直角的角度屈膝，俯腰，挺肩，两手放于两膝。练习时两只脚分别担当支撑点，两一只脚则向上伸出。重点训练单腿负重和腰部力量。

二、运足（脚步移动）

在从蹲踞到仕切，交手，再欠身，攻击，这一系列动作要保持身体稳定。运足和“技麻利”七十手是相扑比赛输赢的关键。

方法：两腿分开，距离稍比肩宽，曲肘握拳，俯腰，立起的同时交手，转身，在欠腰姿势下运足。

1. 推

许多技术动作都是由推这一基本动作衍生的。

2. 挤（碰）

左右手交替出手和对手停止移动时双手同时出手是这个动作的两种情况。攻击对手时，双手挤压失败就会增加难度。这时候，只能迅速发起第二轮攻击来阻止对手移动。

3. 寄（抱）

分为抓住“兜裆布”和抓不住两种不同的情况。

4. 摔

摔是由基本动作推、挤压等发展来的。摔包括上手摔，下手摔和背后摔。初学者和青少年一般很少使用摔这个动作，因为使对手腾空离地相对而言

还是比较危险。

5. 调体

比赛的脚步移动及相关动作对比赛结果至关重要。手脚与身体的协调配合，也就是调体，对比赛很重要。因此，调体的训练也至关重要。

6. 转倒法

运用正确方式倒地，可以避免选手在坚硬土俵上受伤。这种保护自我的方法就叫做转倒法。选手在进行单人练习时，身体保持欠身，一只脚向前半步（约 20 ~ 30 厘米），握拳，屈肘，使背部鼓起借用旋转的力量倒地。双人练习时，依然要在欠身的姿势下，左脚向前半步，头部紧靠对手右胸，左手放于对手右腋，右脚向前半步，屈膝，握拳，曲肘，使背部鼓起倒地。

7. 伸脚

加强脚和腰部韧性的锻炼方法。训练时，两脚间距加宽，一脚承受身体重量，弯腰，另一只脚上伸，之后换另一只脚着地，做同样动作，交替循环。

相扑原则

相扑作为日本国技，深受国民欢迎，很多人以认识相扑力士为荣。但是，选手对社会上的夸耀和钦慕必须要保持清醒和坚定，要将全身心投入到比赛中。选手之间要礼貌相待，并且要保持一种平和的输赢观。同时为了更上一层楼，相扑力士们必须要努力训练，扬长避短。除了要注意身体姿势的优劣之外，还要加强对技术的钻研。此外，还要服从裁判决定，严格遵守规则。当然，他们也必须要注意防止因相扑带来的社会效应和利益而被政客利用。

相扑有深厚的文化底蕴，会相应地影响青少年的身心发展。同体育运动一样，相扑本身也带有锻炼、游戏、竞争等许多特色。因此，相扑除了本身固有的技能、规则和趣味性之外，也不能忽略其带来的欢快感和愉悦性。

相扑是那种互相攻防的、需要选手身体接触的搏击类体育项目。它是以两方技能进行攻防来打破身体平衡的一种运动。毫无疑问它是对选手的爆发力、灵活性、柔韧性、敏捷性和持久力的一种能够修身的锻炼。因此，相扑比赛既能激发选手拼搏精神，又能培养选手耐性，达到养性的目的。同时，相扑的社会意义在于使选手能够互相尊重，公平竞争。虽然相扑训

□ 相扑馆外熙攘的人流

练非常简单、枯燥，但力士们对相扑的热爱和投入却使这一点变得微不足道。可以说，正是相扑使他们的生活多姿多彩。

运用技能击败对手，遵守比赛秩序，公平竞赛，遵守礼节是相扑的特点。同时，选手必须理解比赛各环节的行动方式，以正确的态度避免比赛事故的发生。所以，相扑比赛规则、其本身固有的技能以及对对手的尊重态度是力士们学习的重中之重。

竞技精神

相扑作为一种满足身体活动欲求的运动，既有游戏性又有斗争性。同样，体育也是游戏、斗争和身体的三合一。因此，相扑隶属于体育，需按照规则公平进行，这其中也包含游戏、技术训练和斗争性。这其中最宝贵的则是在充分发挥自己实力的基础上尊重对手。这正是“公平、快乐游戏、竞技”的体育精神。

体育发展受到政治、经济和宗教的影响。不公平、不快乐的体育现象对社会和运动员有很大危害，也使体育精神受到冲击。不可避免地，相扑比赛也会出现丑闻，这严重影响了观众的心情，例如假比赛。有专家认为“人的体育性是一株自然的、充满渴望的、易培养的植物”。但在现实中，兴奋剂事件、无视体育精神的勾心斗角、竞技规则被破坏的现象有很多，所有这些都严重损害了体育精神。因此，要保持体育的纯洁性，必须要坚持体育的创造性和责任感。当务之急，就是要保持和发扬“公平、乐趣、竞技”的体育本性。

肥胖的代价

精神、技术、体力的协调发展是相扑运动的目的。忍受痛苦，享受欢乐，有良好的道德情操是精神方面的追求。相扑技能以及人的生产、生活的行动，则统统被纳入技术的范畴。而体力指的则是通过强健的体魄所表现出来的充沛的体力、潜力、实力和生命力。相扑的目的就在于通过锻炼使以上三

□ 古绘《大相扑图》 相扑手的优雅，恰恰是这个项目的魅力。练习相扑者，除了学习各种格斗技艺外，还要接受各种礼仪训练，其中包括中国的诗歌。

□ 扭打中的外国相扑选手

个方面能够协调发展,从而使人拥有强壮的身体来参加集体生活,奉献社会。

受伤是相扑选手最忌讳的事情，这将导致其失去比赛机会，不能取得积分，甚至最后降级。

在其它比赛项目中也经常发生这种情况，选手们往往忽视自身健康问题，过度追求身体素质，最后不得不由于伤病离开赛场。真是“出师未捷身先死，长使英雄泪满襟”。

医学管理、体质管理、训练管理和生活管理都属于健康管理大范畴。健康的体魄是选手获胜的基础条件。这需要指导者、选手、医生和生理专家的共同努力才能达到。

内科疾病（以呼吸、循环和消化系统为中心的疾病）经常会降临在身材肥胖的选手身上。针对此情况，定期检查、制定健康指标和跟踪治疗成为必须。选手需配合医生，了解发病原因，未雨绸缪。通常情况下，引发

内科疾病的原因在于选手无规律生活、营养和运动不平衡以及医学知识匮乏。其中过量进食、体重过大则是产生疾病的最大元凶。

不规律的生活使力士的生活处在亚健康状态，各种内脏机能减弱，抵抗力下降。力士们通常会为了发胖而在不断补充营养的同时，减少运动量，从而患上糖尿病等代谢疾病。调查显示，过度肥胖使糖尿病几乎成为力士们的职业病。因此，适当的训练和必要的健康知识是力士保持健康的关键。

相扑需要扭打在一起，因而力士容易受外伤。公元 1979 年东京某大学业余相扑部统计显示，去上课，平时的练习就已造成很多外伤。

昭和 26 年（公元 1951 年）春秋季和昭和 27 年（公元 1952 年）春的诊所调查统计，职业相扑受伤是很平常的。技术不熟练，训练不足，训练过度，身体不协调，紧张，不自如，违反规则，行为粗暴，裁判指示不恰当，不可抗力，设施、器具、装备的缺陷，劲力太猛等都是造成外伤的原因。这些原因包括了业余和职业相扑。

比赛的频率高，时间集中，是造成力士频繁受伤的原因，而且由于比赛密度大，往往导致即使是轻度疾病和伤害也没有治愈时间。力士们为了积分，只能带伤参赛，这往往会造成旧伤复发。如此恶性循环，不但极大损伤了力士的健康，而且也缩短了力士的运动寿命。

□ 相扑比赛场景

附件3 相扑“禁药”

据日本报纸报道，日本相扑协会将对相扑运动员进行兴奋剂检查，避免这项古老的运动卷入兴奋剂的“漩涡”而日渐萎缩。

《读卖新闻》引用一位不愿透露姓名的官员的话说，相扑协会计划每年两次对相扑选手进行兴奋剂检查。但此消息目前还没有得到相扑协会发言人的证实。尽管没有任何具体案例证明相扑选手服用违禁药品，但从相扑力士们的身材和经常性的受伤，不难看出他们与兴奋剂有着千丝万缕的联系。为了在比赛中把对手推出或扔出环形场地，许多一流相扑选手不惜铤而走险，服用兴奋剂增肥，以求获得身材上的优势。

在过去的10年里，700多名职业相扑力士中的40名佼佼者的平均体重比过去增长了10千克，体重达到155千克。而一般日本男人的体重不过70千克。对相扑运动员来说，体重越沉、块儿越大，意味着速度的减弱和技术的粗糙，同时也带来了更多的伤病。当越来越多的相扑选手因伤而退出比赛时，这项古老的运动也失去了观众的青睐。公元2003年11月的相扑比赛就因三大高手因伤缺席显得特别不景气。

相扑协会主席公元2003年曾指出，服用违禁药品是导致选手身材过大、伤势增多的“罪魁祸首”。当时他发誓要进行调查。

附件4　大力士减肥

减肥近年已成为热门话题，想必大家还记得刘德华和郑秀文在电影《瘦身男女》里的精彩表演。但是令人意外的是，一直努力维持‘膀大腰圆”的相扑力士也赶起了时髦。

日本相扑协会近日提醒一些重量级相扑选手注意防止脂肪比例过高，因为过度肥胖反而影响竞技水平的发挥。该协会近期公布的一份研究报告表明，49名体重超过160千克的顶级相扑力士身体平均脂肪比例达38.4％。相扑协会警告说，脂肪比例超过38％的选手应该多进行高强度的肌肉训练，并摄入更为健康的食物。

□ 电影《瘦身男女》海报

日本大相扑秋季比赛于前不久在东京拉开战幕。据日本相扑协会统计，参加此次比赛的幕内力士（即相扑前5名的一流力士）们的体重比他们在名古屋夏季比赛时的体重平均增加了31千克。在日本的相扑比赛中，是不按体重分级的，经常会有两个体重相

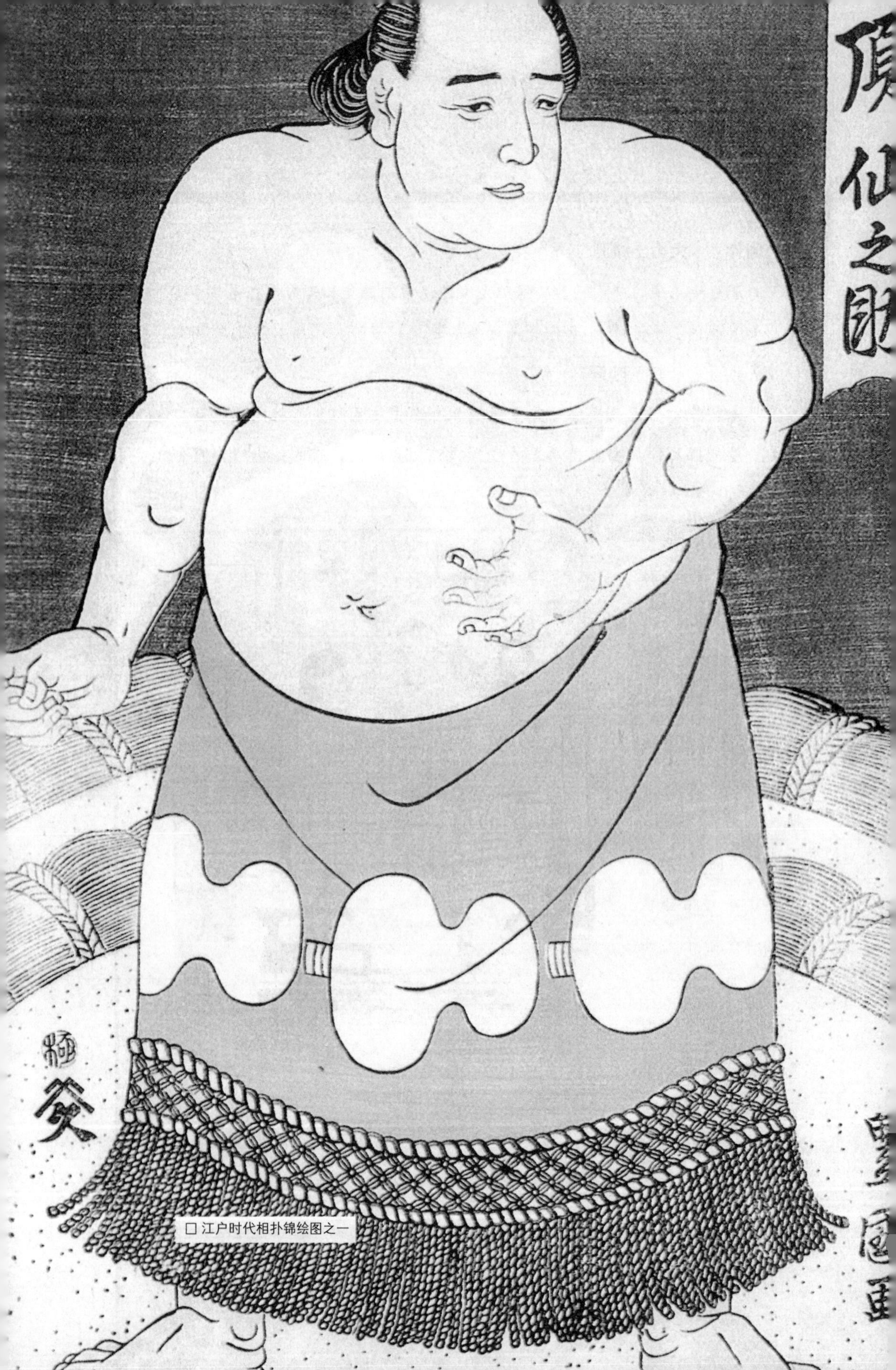

□ 江户时代相扑锦绘图之一

差悬殊的力士进行比赛。一般来说，体重越重在比赛中越占优势，获胜的可能性也越大。但过犹不及，选手们的体重最终还是有一个限度的，若是超过相应标准，便会影响运动员在比赛时技术水平的发挥。在最近的相扑比赛中，许多顶级力士因为脂肪过多，难以支撑，不得不退出比赛，这引起了相扑协会的注意，并进行了上述调研。通过调研发现，“相对苗条的”相扑选手在比赛中表现得更好。尽管高级别选手体重更高，但其中肌肉比例较高的选手场上发挥更好。 在参加这次比赛的 44 名幕内力士中，有 32 人的体重有所增加。其中，曾经获得日本大相扑最高头衔——横纲的武藏丸和若之花两位大力士体重的增长幅度更是令人瞠目，两人分别增加了 6.5 千克和 8 千克。武藏丸的体重为 225.5 千克，马上就要到达 230 千克的体重极限。

日本相扑界人士认为，力士脂肪比例的增加与外国选手的崛起，以及西方饮食习惯的引入不无关系。为了增加体重，相扑选手们在两餐内要吃掉大量的食物，而高脂肪的牛排和比萨饼一类的西餐逐渐取代了以鱼、鸡、猪肉、豆腐和蔬菜为主的传统日本菜。这一趋势在相扑运动对外国人开放后变得更加明显。迄今为止已有 600 多名外国选手参加了职业相扑联赛。不仅专业人士担心相扑选手过胖，许多相扑迷们也抱怨说他们更愿意看那种强调速度和技巧的传统比赛，而现在越来越笨重的选手把相扑变成以“吨位”决定胜负的推推搡搡了。

另外，日本相扑协会指出，由于力士们受伤或生病等原因，有 13 名关取力士（仅次于横纲的高级力士）没有参加夏季巡回赛，其中有 9 人请假，4 人弃权。对此，境川裁判长说，日本相扑界有一句古话叫“三年后的武艺”。为此，夏季巡回赛是大力士们取得好成绩、最终修成正果的一个必需过程。如果比赛时间减少，那么选手们的体重就会随之增加。虽然对所有力士来讲，

□ 日本全民皆“兜裆” 日本兜裆布，字典解释为有裆的裤子。它用的是日本专门布料。日本的布料是全世界出名的，而兜裆布用的都是日本最好的布料。吸汗性极强，可以让裆部保持干爽。可以预防湿疹、外痔等各种疾病，还有按摩的作用。

体重的增加并不见得都会带来不好的影响，但过犹不及。

附件5 “孤枕难眠”

公元2003年3月，日本东京杜艾纪念医院针对相扑力士进行的一项最新研究显示，被调查者中近半数受睡眠紊乱困扰，导致其赛场竞争力明显下降。

调查工作始于公元2002年秋天，过敏和呼吸疾病专家铃木直人医生介绍说，他们对睡眠状态下相扑力士血液中含氧量进行了测试。结果显示，接受检查的23名职业相扑运动员中，有11人睡眠时不能呼吸到足够的氧气，因为“他们（相扑力士）的呼吸道过于狭窄，而且容易受到挤压”，“超重人群中．由于自身重量对咽喉及呼吸道区域施加了过大压力，造成呼吸困难，所以这种紊乱比较常见”。

铃木医生说，人睡眠时氧气吸入量过低，人体就不能得到充分休息，引起注意力不足等诸多问题。相扑力士中出现的睡眠问题会导致比赛时意外伤害增多，影响比赛正常进行。调查表明，两个健康相扑力士在比赛中平均都有50％胜算，而受睡眠紊乱困扰的选手，获胜希望平均只有41％。

附件 6 “兜裆布”脱落失尊严

相扑力士的“兜裆布”又称为“回”，是正式比赛的专用服装，它长约 7 至 8 米，可以缠腰数圈。相扑力士在比赛时，除此物遮住下身外，身体其余部分赤裸。可以想象，一旦兜裆布因选手的技术原因，没有系紧，比赛时当众脱落，对他来说乃是奇耻大辱。然而，大千世界无奇不有，日本相扑力士麻野光，在比赛时“兜裆布”突然脱落，以致在全国电视观众面前裸露下体，输掉比赛且失去个人尊严。据日本相扑协会一项不成文的规定，如果相扑力士不围紧“兜裆布”，让私处暴露于人前，将自动丧失比赛资格，以示惩罚。日本相扑协会一位人士说，这是协会实施该条例 83 年以来，首次有相扑力士因“兜裆布”松脱而被判落败。

第三章
职业“生命”

□ 相扑锦绘之关取力士

第三章

职业“生命”

大多数力士引退后只能面临一个残酷的事实，那就是到社会上找工作，做一个普通人。面对陌生的社会，困扰力士的问题不仅仅是自己学历如何，可以找个怎样的工作，而是如何彻底脱离相扑界，适应眼前现实社会。对于力士们来说，在膳食火锅店打工或者开一家属于自己的料理店，也许更为容易一点。这种说法是有一定道理的。大部分力士对吃都颇有研究，可以说是饮食的行家。他们也被人称为“隐藏着的厨师”，基本上都有做过“力士膳食火锅”的经验。所以，力士们开一家自己的料理店，专门制作“力士膳食”也就不足为奇。这已经形成一种固定的思维模式，即引退后自己当老板，开料理店，并且将自己的艺名与所开的店联系起来。

膳食与日常生活起居

提到日本相扑，首先映入人们脑海的就是选手们钢筋铁骨、浑身是肉的身材。显然，拥有奇异体形的相扑勇士，常常使看的人觉得费解。他们心中都有一个疑问，就是选手为什么这么胖？其实，是后天生活方式导致了力士的膘肥体壮，而不是先天的。因为日本的相扑比赛不分重量级别，而且越胖就越容易赢得比赛，所以相扑力士都想方设法增重。他们唯一担心的是不出名，而不是体重。只要闻名全国，成为相扑界的风云人物，就会身价倍增。但是为此所付出的代价是巨大的。除了每天严格训练，还要摄取大约常人 10 倍的食物和巨量的酒精。一流勇士最后往往拥有巨大的梨形身材。当然，要想成为佼佼者，先天条件也不可或缺。其中最基本的就是身高，最好是在 1.8 米以上，并且有一副大的骨架和大手、大脚。

□ 相扑学校　日本人深信：从小在相扑教练怀抱中长大的孩子，一辈子的健康强壮就有保证了。

如今，日本成立了专门培养相扑勇士的学校，日本相扑协会负责管理学校。该协会分为几十个“部屋”

□ 古绘《相扑力士》 相扑在日本的历史已经超过两千年。从天皇到封建君主，无数人为之疯狂。

（即分会），由最高领导者“亲方”（即师傅）管理。“亲方”往往是退役的著名相扑选手，负责相扑协会和教授弟子技艺。在刚开始的6个月中，新入学的弟子每天要5点起床洗漱，打扫练功场地。每天的准备活动结束之后，跟着师傅训练到11点。再学习1小时后，12点开始吃第一顿饭。由于早起之后没有进食，再加上一番剧烈活动，学员们到了吃饭时早已饥肠辘辘。因此个个狼吞虎咽，大吃大喝。

相扑勇士经常吃一种食物，这种食物在日语中被称为“チャンコ”料理。有人说，中国的铲锅是「チャンコ」这一语素的来源。因为在《长崎市史》的《风俗编》中有一节“长崎方言集览”，其中“铲锅”的发音就是唐音注音「チャンコ」。在字典中，这个“铲锅”的意思就是带长柄的锅，多用铁制，常用来煮饭。而这以后，相扑勇士们的饮食就由部屋弟子们轮流

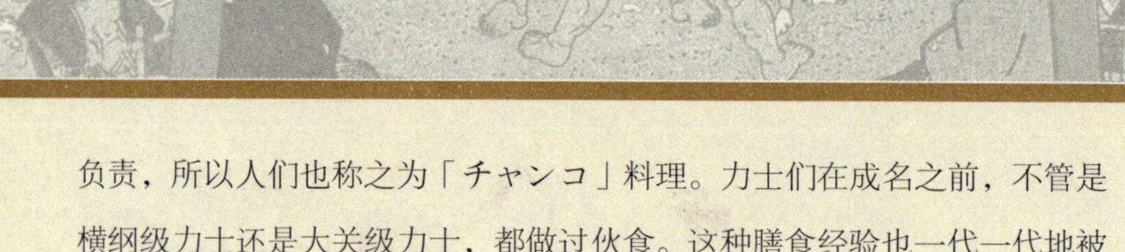

负责，所以人们也称之为「チャンコ」料理。力士们在成名之前，不管是横纲级力士还是大关级力士，都做过伙食。这种膳食经验也一代一代地被传承下来。

明治晚期，日本人过着很艰苦的生活。为了让幕下以下的力士们吃饱，相扑协会开设了炊事场。这种炊事场是公用的，由一些年纪大了的力士来负责伙食。这些人因为年龄的原因不能继续留在相扑界，只好退出。但是长时间的部屋生活让他们不舍得离去，于是就留了下来。因为多年的烹饪经验和心得，他们准备起饭菜来得心应手。年轻的力士们为了表示对这些人的尊敬，就称他们为「チャン」。后来，供给力士们食用的膳食就被人们叫做「チャンコ」料理。这也可能是「チャンコ」料理这个名词的另一个来源。

力士们还有一种膳食形式，叫做火锅。这种形式来源于明治末年，由常陆山——第 19 代横纲级力士创造出来。这种做饭的方法很简单，也易于饭后收拾。通常是将饭菜做成汤，因为不受限于蒸饭的器物，所以既实惠又易多人共享。首先采用这种火锅形式膳食的就是常陆山率领的羽海部屋。后来其他部屋也逐渐开始效仿。

力士们经常说的一句话就是："比起训练来说，吃得好重要得多。"力士们认为，最好的膳食就是「チャンコ」火锅。这种火锅就是传说中的"大锅菜"，即将鱼、肉、蔬菜扔在锅中混合焖制而成。其中菜和豆腐用手撕一撕便可丢入锅中，不需要用刀切，再加上猪肉、鱼肉、鸡肉，放入酱油、醋、砂糖等调味料。即使觉得反胃，相扑勇士仍要勉强吃掉这样的食物。而一个相扑力士至少一天要吃两大锅。

基本上，相扑界每个部屋都发明了独具特色的料理方法。河豚料理就是在很久之前，由一个部屋创造出来的特殊料理。河豚有毒，也经常有人

误食而中毒身亡。但是在过去，相扑力士却认为食用河豚料理可以增强他们的体力。由于河豚体内含有一种特殊液体，它有利于减轻神经痛和疲劳。所以人们就抽取这种液体制成针剂。而“河豚料理”则对血液循环、保持体温、抑制疼痛有显著的效果。为了增加肌肉弹性，缓解肌肉紧张，力士们就大量食用河豚。虽然效果显著，却因为其毒性很大，给生命带来了巨大危险。为了减少中毒率，河豚料理已经禁止食用。但是由于对人体的显著效果，仍有力士在偷偷食用。

□ 吃火锅的力士

□ 相扑火锅　相扑火锅，是将鸡肉、鱼肉、豆制品、蔬菜、大米等放在一个大锅内炖煮，为相扑选手经常吃的一种高营养与大分量的餐食。相扑火锅的特色是分量大、内容丰富，相扑力士可以一人吃一锅甚至更多。相扑火锅现在已然成为了大众饮食种类之一。

除此之外，高热量的食物如鱼内脏、龟血也不可或缺。除了饮食，力士们每顿饭都要喝掉很多的日本酒和啤酒。在日本的相扑博物馆里，可以看到很多有趣的记录。这些记录都是关于相扑运动员饮食与喝酒的。例如吃饭的最高记录是牛肉烧烤7.5千克，再加上36碗米饭。喝酒的最高记录则是日本酒6升，外加啤酒37瓶。

日本相扑界流行这样一种说法，即力士最重要的训练方法就是多吃多睡。因此，睡觉就成了吃饭之外，力士增加体重的又一关键环节。通常，相扑力士每天午餐后要午睡1到2个小时。稍微活动一下就准备吃晚餐。饭后再进行一些活动。到了晚上11点就要就寝。

相扑勇士能有肥硕魁梧的体魄，正是因为这种奇特的饮食起居生活。坚持这种生活方式，必定会得到奇异的效果。一方面，在空腹的情况下剧烈运动，会调动身体皮下脂肪，从而刺激脑下垂体分泌生长激素。这种激素可以促进骨骼发育，使身体长高。再加上高热量的饮食结构，如肉类、鱼类、蛋白质、大豆（豆腐）、蔬菜中的大量维生素。这些都可以促进细胞机能正常化和肌肉发达，从而达到加速身体生长的目的。另一方面，经过空腹后高强度的训练，午饭时相扑勇士往往饥肠辘辘。一顿狼吞虎咽之后的午睡，加快了生长激素的分泌和身体重量的增加速度。他们每顿饭都要摄取至少 4400 卡的热量和 2000 卡的零食。这些力士们体重都超过了 100 千克，却算不上肥胖。比起如今 20 多岁的男子平均脂肪率 13%，千代富士现役时体内的脂肪率仅为 11%。相扑勇士将时间用在吃、喝、睡上，就是为了练成一身强悍的肌肉，这有利于在立合时产生巨大的爆发力和推力。最终的成果就是，相扑力士站起来就像一座肉堆起来的宝塔，坐下来就像一尊弥勒佛的雕塑。他们体态日益丰硕，重心逐渐下沉，肚子也越来越大。一般人很难想象，结实强壮的身体加上奇特严格的训练，竟使得相扑勇士们力大无比。

在相扑界，有关相扑勇士们吃饭、喝酒的趣闻很多。有一个叫大关松登关的力士，曾经创造了一个惊人的记录。他在吃完 83 个饭团之后，又吃了两大碗乌冬面，两大碗泡茶饭。他说："如果我吃不饱，觉都睡不着。"另外一个获得横纲级别的力士——男女川关，则钟爱土豆。他一天可以吃掉 3.75 千克土豆。并且还在院子里栽种了土豆，就是为了随时都可以吃到土豆。还有西富士关，当他还是幕下力士的时候，就传说可以在 40 分钟内吃完 100 多个日式饺子。关于这些大食量的勇士们的纪录已无从考证。现在相扑界更多的提倡饮食营养均衡，暴饮暴食的力士已经不再多见。

初为学徒

力士们经常需要早起，尤其是新入门的弟子。他们大概要在早晨3点钟左右起床。为了驱除困意，他们只好用冷水洗脸。这样可以强迫自己迅速清醒过来，去完成一天要做的事情。他们每天的第一个工作就是打扫卫生。从睡觉的寝室开始，包括玄关、大门、训练场、浴室甚至厨房，都要打扫得干干净净。打扫完之后，就要到训练场。在入场之前，首先要向放在高架上的神像行礼，不然不准踏入半步，然后逐一摆好勇士们用的兜裆布，才可以离开训练场。

凌晨四五点，这两项工作就结束了。这个时候，训练场上只有一些新来的弟子们。这短暂的几小时，也是年轻勇士们提高技艺的关键时刻。因为亲方（相扑力士的前辈）和关取（次

□ 韩国游客同少年相扑选手的合影

于幕内级力士）弟子们还没到训练场来。等到过了 7 点，关取们就会占据这训练场，年轻的力士们就没有机会训练了。

新弟子刚刚进入部屋，往往要先给关取力士们当“佣人”。他们主要负责照顾关取力士的日常生活，还有配合训练。通常情况下，由 10 人左右侍奉一个横纲级别的力士。即使十两的力士，周围也有好几个人伺候着。新入的弟子所做的事情，往往要涵盖生活的各个方面。一个最下级的年轻力士，每天要负责洗 5 到 10 人的脏衣服。并且只能用搓衣板手洗，不能用洗衣机洗。洗的衣服包括房间的床单、力士们穿的浴衣（日本人夏季穿的单和服），甚至还有内衣裤等。姑且不去计算要洗多少件衣服，单是整理这些衣服，新弟子都要花费一定的时间和力气。衣服刚洗完之后，不能有半点褶皱，必须用双手将衣服弄平整。否则关取们看见后就会不满甚至动粗。衣服晾干之后，同样需要新弟子将衣服弄平整。整齐地叠好之后，再送到师兄们手中。

除了洗衣服，新弟子们另外一项重要的工作，就是给关取们洗澡。

关取们结束训练后，往往大汗淋漓地走进浴室。当他们在浴盆坐定之后，新弟子们就要负责为他们洗澡。这种洗澡并不是在毛巾上打好香皂随便擦洗一下就可以的。比我们想象的要复杂得多。新弟子给关取洗澡，要遵守一定的规矩，就是只洗腿部。首先，在关取面前蹲下，在带花纹的木制刷子上打上香皂。用一只手接住关取们的脚，从脚趾甲开始，依次是脚趾、脚面、脚掌，都要进行刷洗。之所以要用刷子，是因为在训练场上，长时间的训练，使汗水粘住了土俵场上沙子的小颗粒。只有用刷子，才可以刷去脚趾甲内残存的沙粒。脚洗干净之后，继续按照小腿、胫骨、肚脐的顺序上移。洗完一条腿再换另外一条，重复相同的动作。弟子们在洗大腿时候需要特别注意。由于是上下搓洗，刷子木柄容易碰到关取们的私处。如

□ 照片《力士与少年》 不久前，在名古屋举办的相扑学校招生活动，居然连一个学生都没招到。日本国家相扑协会破天荒地取消了原本在周二举行的面试，这是相扑历史上首次出现的现象。业内人士不禁开始为这项古老运动的未来感到忧心忡忡。

果不小心碰到了，免不了被关取们怒骂甚至暴打。拳头的力度，只有新入门的弟子们心里最清楚。正是从这个时候开始，弟子们对疼痛的记忆才变得真切起来。其实，只有资格稍老的年长力士才可以决定为关取各个部位洗澡的具体人员，例如背部、腹部、颈部等部位都会有专门的人来负责清洗。当然关取们也有谁都不让洗的部位，那就是他们自己的事情了。

在相扑界，相扑力士的位置顺序表决定了他们地位的顺序，这个表是相当重要的。前一位在天堂，后一位就可能在地狱。所以新弟子为了提高自己的地位，摆脱被关取们使唤的生活，就必须苦练技术。经常可以在训练场上看到因为早起、空腹超负荷训练而晕倒的新弟子。当他们头晕昏倒

的时候，师兄便撺掇他们，言下之意是关取不在时可以偷一下懒。

"怎么偷懒？"弟子们问。

就是在背上喷上水，来代替汗水。躺在土俵的沙子上滚几圈，让沙子粘在背上，像是练习了很久的样子。如果想要更逼真一点，可以再配合上喊叫声。

弟子们恍然大悟，但是又很疑惑，"如果这样，是很轻松，但这不就是作弊吗？"

事实上，关取们不会被这些小把戏蒙蔽。他们会一边鼓励你练习，一边用手轻轻地排掉身上附着的沙子。因为水粘上去的沙子很容易被拍打掉，而因为汗水黏在背上的沙粒是不易拍掉的。

新弟子们在训练的时候，经常饱受皮肉之苦。抽打他们的是一种竹子做的细棍。每挨打一次，都会让他们觉得自己和动物并没有什么差别。

相扑界也出现过丑闻。很多新弟子往往因为疲于忍受严格训练和艰苦环境，而结伴出逃。这个现象相当普遍，每个部屋都曾发生过。为了对外维护自己的形象，部屋们的说辞都是新弟子因为人际关系不好而退学。仔细分析一下，这些理由其实都是一些幌子而已。

新弟子如果想摆脱这种辛苦而又疲惫的环境，只有两个方法：一个就是逃跑。后果则是一旦出逃，就再也无法回到相扑界。还有一个方法就是坚持训练，直到在相扑界成名。虽然训练很辛苦，但这也是唯一可以通向成功的方法。

□ 江户时代相扑锦绘画之一

成为亲方

相扑力士们的前辈就叫亲方，在各个部屋都会有若干名亲方。亲方的主要任务是训练力士和负责他们饮食起居等各方面，还会参加一些社交活动。他们之前大多是知名的相扑选手。例如，相扑界的著名力士，如今则是九重亲方。等他退休了不再是亲方，仍然可以留在九重部屋担任理事或理事长等职务。

亲方对想要加入所属部屋的新进弟子，往往有以下几点要求：

一是看报名者的体型。相扑选手不全是身高 175 厘米、体重 140 千克以上的肥胖型身材。只要经过严格训练，个头稍微矮小但体型刚好的人，仍然有成才的机会。

二是相扑选手的脚形至关重要。因为相扑运动员的一连串动作，包括尘、蹲踞、四股、仕切……无一不与脚下功夫有密切联系。只有脚力足够，才可以支撑起整个身体的平衡。所以脚的形状，也是招募相扑力士的关键因素。

三是报名者是否有运动经验。招募者只会简单地问一下对方在 14、15 岁之间做过哪些运动。不会询问从事运动的种类。没有运动经验的人，是不会被招募进候选人名单里的。对于过去的孩子们来说，“不运动”是不

同于“没有机会运动”的。因为他们小时候经常玩各式各样的游戏。即使穷人家的孩子，也会帮助父母做些简单的体力劳动。例如种田、搬运重物等力所能及的事情。这些劳动都会增强他们的体力，锻炼他们的腰力和肌肉。如果日后能够加强训练，这些体格优秀的孩子，一定能够成为可塑之才。

□ 古绘《幼儿角力图》

四是招募者更青睐于具有普通正常思维的报名者。有一些人，即使有很好的体型，很大的力气，仍是无法成功的。这些人，只用假名拼写自己的名字，而不能用汉字书写；或者遇到一点挫折就放弃，不能坚持到底。即使再锻炼，仍然不会有多大的作为。正常思维对于在土俵上进行比赛的相扑选手们来说，是至关重要的。如果一个相扑力士在成名之后，接受采

□ 相扑场景　撼山易，撼相扑手难。

访的时候只会说一些诸如“嗯”“是”“我会努力”的话。那么他的人格是不够完善的。而经常鼓吹“想成为力士，成为横纲级力士”的人，多半也会以失败告终。他们虽然胸怀大志，但往往因为盲目自信而高估了自己。一旦现实与梦想不符，就会一蹶不振。

这些要求，都是亲方们根据自己多年经验总结出来的，用来挑选未来相扑力士的规则条件。

亲方们除了相扑，也特别钟爱其他运动。例如田子浦亲方佐田海关喜欢高尔夫运动，锦岛亲方双龙关热爱棒球运动，二子山亲方北天佑关则是好车一族。更让人吃惊的是，现任九重亲方的原横纲级选手北富士退役后，减肥特别成功。在记者招待会上，北富士变成了一个与原来肥胖身躯大相径庭的新的形象。

对于退役的相扑力士来说，肥胖的体型给他们带来了很多不便。甚至出行都因为身材产生了很多麻烦。像多贺龙关（现胜浦亲方）和出羽花关（现出来山亲方），只能乘坐轮船和火车，在国内巡演。他们就没有办法坐飞

机到海外公演。据说，多贺龙关有次坐飞机去国外公演，甚至想到了写遗书。因为他们坐飞机真的很辛苦。单是在摇晃的舱内走动都会出一身冷汗，更不要说去洗手间了。为了减少去洗手间的次数，他们不得不前一天就减少摄入的水量。

相扑力士在日本这样一个高龄的社会里，算是短命的。因此退役后的的力士们为了长寿，纷纷减肥。不仅多运动，更加注意营养膳食，寿命也在逐渐增长。

亲方的妻子，是讲到亲方时不得不提到的一位重要人物。在相扑界，亲方的妻子又叫 OKAMISAMA，意思是指女店主或女老板。在部屋里，她们扮演的角色就是“母亲”。“母亲”其实是整个部屋和力士的“母亲”，而不是某一个人的母亲。这就要求她们必须注意自己的言行，只要身为“母亲”，无论何时何事都必须做到对每一位力士公平对待。

女老板们的任务就是：拜访部屋的援助者，回礼以及接听电话；教育新入行的弟子；在力士们士气低落的时候给他们打气，让他们重新找回自信，投入到训练之中。还要监督力士的饮食情况。在有客人拜访时，则需亲自确定客人的菜单。与此同时她们还要挑选定夺本部屋最具代表性力士们的服装款式、颜色、面料、图案等。

必要的时候，女老板还要说一些亲方不能说出口的话。为了防止新弟子出逃，她们还必须努力营造出一个和谐的部屋气氛。

对于亲方来说，管理一个由数十人组成的部屋，固然十分辛苦，但是女老板在背后默默地付出，这种辛苦与不易，也是十分令人敬佩的。

晋升横纲

在相扑界，每年春季都会公开发表一份相扑力士排位顺序图，这个图与相扑力士的收入情况密切相关。提到相扑力士的收入状况，很多人都认为肯定不会少。但实际情况却是，关取力士级的收入并不太高。我们先来看看十两以上的相扑力士的收入情况：

十两	约 100 万日元
平幕	约 130 万日元
三役	约 170 万日元
大关	约 230 万日元
横纲	约 280 万日元

从这个资料中可以看出，一位横纲级力士的收入与日本一般企业部长级别人员的收入是没有太大差距的。

相扑力士的工资除了上述这些，还包括每年 6 次的入场补助。以千代富士为例，他引退时 5 月的入场补助大约就有 362 万

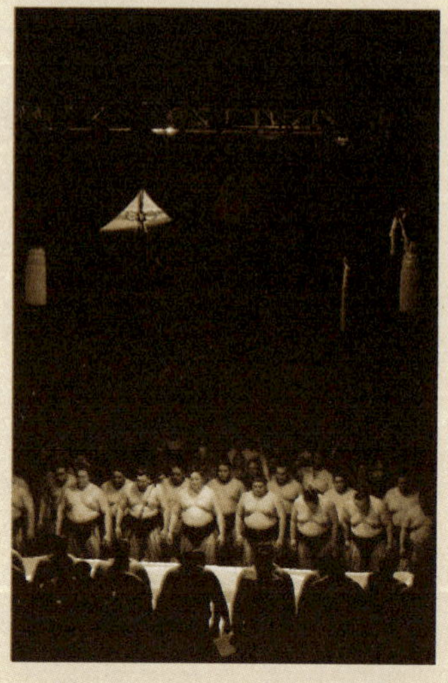

□ 相扑仪式　相扑比赛充满了仪式感。

日元。再加上每个部屋自己的奖励金，横纲级力士一年收入大概有3000万日元。除去这些看得见的收入，他们还会有一些“隐形”的收入。这部分收入大多来自一些庆功仪式，是不用纳税的。只要看看那些人气正旺的力士们的钱包，就知道他们有多阔绰了。就像千代富士，单是从庆功仪式上得来的收入就有五六千万。

然而，相扑力士只有经历各种各样苦难，才能获得这样的收入。如果晋升不到十两的地位，只能是一个身无分文的无名小卒。相扑界有一个规定，那就是新入门弟子一切生活支出要由本部屋支配。自己不能带一分钱，并且不能接受父母送的零用钱。

为了让相扑迷们在电视之外看到自己喜爱的选手，感受相扑的真实魅力，相扑还会到地方上去巡回演出。这种地方上的巡演每年要举行6次。并且都有日程安排，分别在1月、3月、5月、7月、9月、11月这样的奇数月份里。以下是各个月份的场所。

3月之后的场所——近畿、东海地区

7月之后的场所——东北、北陆、北海道地区

9月之后的场所——东海、近畿、中国（日本的东南部）四国地区

11月之后的场所——九州地区

在每场巡演结束以后，力士们大概有1周左右的时间用来休息。休息完了之后，才会继续出发。

每当赶上炎热的夏季，尤其是7月份的巡演，即使在凉爽的北海道地区。力士们也不会感觉到凉爽，因为训练强度很大。而且力士们巡演的场地不只在体育馆内，还包括露天场地的土俵上。也许只有巡演的力士们才可以真正感受到其中的辛苦。

相扑力士们可以去在东京两国国技馆周围开的商店买特型物品，例如

□ 相扑巡演场景

鞋、袜子、内衣等。

现在，在一些超市里为中等体型的力士设置了特大号专柜，可以让他们购买自己喜爱的东西。即使现在生活丰富了很多，力士们有些愿望仍然得不到满足。像是力士们专用的便器，这一洗手间问题就无法解决。在相扑屋内部，力士们不用担心便器。因为他们使用的便器都是特别制作的耐用性便器，不同于一般家庭、饭店、酒吧使用的。其造价是普通便器的两倍多，大概在 20 万日元左右。在公元 1984 年秋天，东陶机械公司特别为力士们专门设计了巨型便器。并且放置在了国技馆新建成的洗手间内。这种便器针对力士进行了一系列改造，适合他们以坐姿使用。另外，由于力士们手劲很大，一不小心就会把与按钮相连的拉杆拧断。为了避免这个尴尬的情况发生，东陶机械公司采用了一种同步按钮遥控式阀门装置。针对排水用的按钮进行了改造。

这种因为洗手间问题产生的尴尬就曾发生在小锦身上。

当他乘飞机时就经常被乘客取笑："相扑君呀，可以登机吗？飞机会不会被你这么重的身体压垮呀？""能去得了洗手间吗？""忍忍吧，哈哈……"

当时，小锦实在忍不住了。他无奈地望着狭窄通道尽头的洗手间，最后只好脱去和服，浑身只穿一条内裤，小心谨慎挪到了洗手间门口，费力方便完，又大费周折从洗手间出来。

除了乘飞机，相扑力士们平常乘坐出租车，也会遇到很多麻烦。因为司机们担心车上的安全带、车胎会被力士们弄坏。所以当相扑选手招手示意出租车时，司机往往飞驰而过，故意装看不见。不只小锦关一人发生过尴尬的情况，基本上所有力士都会遭到这种冷落的待遇。很多力士都发生过因去朋友家做客，却把椅子压坏而不能使用的情况。

在相扑规则中，第16条规定是关于相扑力士兜裆布的。规定中指出，如果相扑力士不慎在比赛中脱落了兜裆布，可立即宣告失败。因此兜裆布不小心松开，露出男性私密部位的事情在比赛中特别忌讳。在相扑界就曾发生过因为兜裆布不慎松开而比赛失败的例子。在大正6年（公元1918年）5月份比赛中，有场十两力士男岛对战幕下力士友山的比赛。结果就因为男岛的兜裆布不慎松开而输掉了比赛。所以相扑在某个层面上，也是最忌讳疏忽大意的。因此每当行司（相扑裁判）在比赛过程中，看到选手兜裆布有松动的迹象，都会立马中止比赛，直到选手重新系好后才能继续。

□ 小锦　日本有史以来最重的相扑手是来自美国夏威夷的小锦，他的体重263公斤。

要想系好兜裆布，必须由两人配合，一个人系不好。兜裆布长度大约在6到7米，系的时候需要用很多的水。很多人误以为相扑力士嗜酒如命。因为他们的休息室内放着很多啤酒瓶、威士忌瓶和白兰地瓶，但实际上，瓶子里面装的是用来系兜裆布用的水而已。

一条兜裆布的价格大概在40万到70万日元。假如用的时候仔细一点，大概可以用5到6年。兜裆布因场合不同而有所区别，平时训练用的兜裆布就不同于正式比赛用的。训练的时候，关取用白色的兜裆布，而幕下以下级别的力士则用黑色的。兜裆布的质地是棉的，所以价格只有1到2万日元。而在正式比赛的时候，则选择绢做的兜裆布。因为全部都是手工绣制，所以价格也比较昂贵。相扑协会负责统一购置和发放给力士们兜裆布。除此之外，力士们在参加答谢会、庆功会等活动时会使用一种叫做化装的兜裆布。这种兜裆布因为采用人工绣制的形式，所以每条造价在800万日元左右。因为是较为奢侈的装饰品，所以这种兜裆布多由资助者捐赠而来。相扑界还有一个不成文的规定。那就是一般不去清洗比赛用的兜裆布。除非自己部屋的先辈、师傅去世，才可以拿去清洗。这已经成为相扑界的一种习惯，也被力士们所严格遵守。

相扑一直将“以礼为始，以礼为终”作为其主旨。因此在土俵上，一些规定的礼仪必须要严格执行。例如，下级力士决不允许嗔目凝视上级横纲或大关级的力士。

一个横纲级别的力士，如果连续3场输掉比赛，就必须要休场。甚至会面临不被允许因而引退的下场。力士们不会轻易引退，决定之前都要和亲方进行商量。但是无论别人的意见如何，最终做出决定的还是力士本人。对他们来说，做出这一决定是非常痛苦的。这既是横纲级别力士的威信所在，也是相扑界的一个传统。相扑力士们经常在“道”和玷污横纲的荣誉之间

□ 闹市中的相扑比赛

做思想斗争，举棋不定而备受困扰。记得千代富士在引退时哭着说过一句话，在当时的日本非常流行，就是："我已经到了体力的极限！"其实千代富士并没有像他说的那样到了体力的极限。他还是可以通过努力，创造出大鹏亲方那样"连胜 32 次"的纪录。只是要想达到这个目标，必须在短时间内恢复到最初的体力。而横纲级力士却不可能有充裕的准备时间。所以对于千代富士来说，引退既是不二选择，也是他一辈子的遗憾。尽管外人看到的都是横纲级力士的光彩和荣誉，但是其中的愁苦，也只有他们自己才能体会得到。

有一位非常喜爱相扑力士的女性，曾热烈追求过相扑力士。她详细说明自己喜欢的原因。力士们给人的感觉通常是温柔又有力量。他们非常慷慨，无论是吃饭还是喝酒，都会主动掏腰包付账。因为相扑世界的神秘，使得女性对其非常憧憬。除此之外，相扑力士的肌肤大都很细腻光滑，让人得到了视觉享受。而拥有健壮体魄的力士也会对自己的身材引以为豪。

力士晚年

力士们引退后有两条道路可以选择：

留在协会，上升为亲方的身份。

离开相扑界，当一个普通人。因为亲方的名额只有105个，只有优秀的力士才可以留下来成为亲方，其他大多数力士，只能面临一个残酷的事实：那就是到社会上找工作，做一个普通人。

面对陌生的社会，困扰力士的问题不仅仅是自己学历如何，可以找个怎样的工作。而是如何彻底脱离相扑界，适应眼前现实社会。

如果相扑力士是学生出身那就另当别论了。作为普通的力士，即使有学历，一般也不会从事脑力劳动。因为求职本来就是件痛苦的事情，更不用说立即就职。对于力士们来说，在膳食火锅店打工或者开一家属于自己的料理店，也许更为容易一点。这种说法是有一定道理的。大部分力士对吃都颇有研究，可以说是饮食的行家。他们也被人称为“隐藏着的厨师”，基本上都有做过“力士膳食火锅”的经验。所以，力士们开一家自己的料理店，专门制作“力士膳食”也就不足为奇。这已经形成一种固定的思维模式，即引退后自己当老板，开料理店。并且将自己的艺名与所开的店联系起来。

还有一种职业运动——摔跤，与相扑运动很相似。因为这个原因，许多力士也会选择这种职业，像原来的力道山。另外还有一些相扑力士后来转行当职业摔跤运动员。包括之前的车富士，最近的轮岛、北屋、维新力等都是。

□ 电影《力道山》海报　影片描写了上个世纪 50 年代著名的摔跤选手力道山后半生的故事。由日本和韩国共同打造的这部传记电影，制作费用高达 100 亿韩元，成为当年韩国投资预算最高的影片。本片描写南北韩分裂前，出生于朝鲜的力道山在日本相扑界活跃，其后转往拳击界发展，最后被刺杀的人生经历……

除此之外，也有力士选择转行进演艺界的。如龙虎、荒势、藏间等，而佐渡辙部屋的幕下力士琴剑则成为了漫画界的新秀。这其中也不乏一些名人产生。像是在财经界一度成名的人物大谷米太郎（已故），还有大型宾馆的经营者——出羽海部屋的幕下力士鹫尾狱等。也有不少相扑力士成为政治家。像小滨新次是众议院议员，一些地方议会的议员中也有力士们的身影。曾是出羽海部屋的力士小岛贞二，原来在连胜 69 场的双叶山著名力士安尝海手下当随从，后来成为著名的作家兼艺术评论家。还有成为知名企业家的原九重部屋的十两力士若富士，现在是大阪有名的玄产公司董事长的女婿。他在几年前做过一件引起轰动的事情。就是赠送给了九重部屋一栋带有训练场的宿舍楼，供大阪相扑竞技会馆专用。

附件 7　小蜘蛛吓死大力士

一名体重 215 千克，身高 183 厘米的相扑力士在英国进行巡回表演期间，突然暴毙于利物浦的酒店房间内，死因是心脏病发作或中风。据死者的友人透露，他很可能是被蜘蛛吓死的。

表演团的负责人迪克森表示，尽管 34 岁的余户西纳身材高大，体形健硕，却非常害怕蜘蛛。他在签约时，甚至还加上一条特别条款，要求工作人员在他进入更衣室或酒店房间前 30 分钟，必须先打扫好地方，确定其中不会有蜘蛛出现。迪克森说："在擂台上，他无所畏惧，所向无敌，但我猜他也有蜘蛛恐惧症。"

余户出生于美国的夏威夷，生前已是两个孩子的父亲。他公元 1995 年去日本发展，以其出众的身体素质很快在相扑界闯出名堂，两年内就从低级力士先后晋升至十两、前头、小结，名气越来越大，收入更是不菲，而且，作为日本文化交流的友好使者，频频出国表演可谓名利双收。他为了要保持这种重量级的身形，每天要进食 230 只鸡蛋、12 块鸡腿，以及一大桶他自备的日本咖喱饭。

附件 8　获奖"两吨米"

一位相扑力士在联赛中得胜可以获得现金、奖杯和其它许多奖品，包括米饭、米酒等等。低于大关级别的相扑力士在联赛中有取胜记录者有资格获得三种特别奖项——特别表现奖、技术奖和战斗精神奖；伴随这些奖项，另有现金奖励。对相扑力士的另一个鼓励是奖励打败横纲的低级别相扑力士的"金星制度"，每获得一颗额外的金星都能为该相扑力士今后的职业生涯提供加薪的机会。

前些年，著名的夏威夷相扑选手素木在日本九州东关举行的相扑比赛

中夺冠后，对他的冠军奖品大吃一惊。原来，组织者给素木的奖励除了奖杯和现金外，还有4000千克大葱，2000千克大米以及总共达1000多千克重的葡萄、梨和栗子。虽然相扑力士的食量远非常人能比，而且素木的弟子们也可以共同分享他的战利品，但是要消灭掉这么多的食物，众相扑力士们仍需要近一个冬天的时间。

□ 日马富士（左）和麻生太郎　公元2009年，日本大相扑夏季赛事最后一场比赛5月24日在东京的国技馆举行，蒙古出身的25岁大关日马富士在决赛中力克同样取得14胜1负战绩的白鹏，首次夺得冠军。日马富士是第八位夺冠的外国力士，也是继白鹏和朝青龙之后第三位夺冠的蒙古籍力士。照片中，首次夺冠的日马富士从麻生太郎首相手中接过内阁总理大臣奖杯。

附件9　爱吃才会赢

日本著名的横纲级相扑运动员曙身高203厘米，体重300千克，是日本相扑界名副其实的“大块头”。在某次日本相扑比赛上，他又一次战胜了各路高手获得了冠军。在兴奋之余，曙向人们透露了他成功的秘诀——多吃。

曙说，相扑这项运动要求力士又胖又结实，比赛场中胜利的辉煌和失败的颓丧往往取决于相互的冲撞对抗中，所以块头越大越有优势。相扑力士的体重能达到260千克甚至更多，他们庞大身体的很大部分都是结实的脂肪，这是比赛中应付对手所需要的。相扑力士每天都致力于长胖长结实。

为了在“增肥”大战中获胜，曙为自己制定了一份特殊的食谱——每

□ 曙退役后参加其他比赛的场景

天通过午餐摄入18500至19000卡热量，包括富含蛋白质和糖的食物。晚餐是最重要的，也是要求最严格的。曙一顿标准的晚餐通常是：500克烤牛肉，3大碗米饭，两条油炸比目鱼，一打肉和虾馅饺子，肉或蔬菜炖面条，两到三只炸鸡腿，500克黄油饼干以及成升的啤酒和日本米酒。饱餐之后是一段休息时间，以便让食物进行消化并在变成能量之前转化为宝贵的脂肪，稍后再进食一些填满紫菜和鱼肉的饭团。正是依靠这份精心搭配的食谱，曙不仅有足够的力气支撑他满是脂肪的庞大身躯，而且充分发挥了技术和力量，赢得了一场又一场比赛的胜利。

附件10　横纲“跳槽”橄榄球

继日本人铃木一郎在美国职业棒球界迅速崛起，成为家喻户晓的职业棒球明星之后，日本式的美国梦再度向美式足球——橄榄球燃烧！

30多岁的若花田（本名花田盛）是日本67位横纲名将之一，巅峰时期红极一时，人气之旺可媲美美国的摇滚巨星和意大利足球甲级联赛的球星，在日本体育界的地位之崇高可以说无人可比。身高180厘米、体重130千克的若花田，公元2003年12月因腿伤宣布退休。为了一圆高中时的梦想，有一天到新大陆打美式足球。若花田站在亚利桑那响尾蛇队的球场上“秀”了一手。把“兜裆裤”换成浑身头盔和护垫，若花田丝毫不见

生涩地摆好架式，打防守边锋。若花田说：“我等了三十年，终于等到今天。我要对孩子们说，他们的老爸曾经努力追求他的梦。”

若花田在27岁时一口气连续赢得两次相扑冠军，继弟弟贵花田之后，成为为数不多的相扑横纲之一。下盘有力、身手灵活、双手特别敏捷、善于用劲，若花田的这些优点似乎非常适合打美式足球。不论未来能否正式成为美式足球的一员，若花田勇敢挑战极限，不仅为自己也为日本相扑界开启了另一道曙光。继若花田率先开路，这些相扑名将退休后可以转战到美式足球，不愁未来生活没有保障。而美国体育界为了这位日本相扑名将的到来，正想尽办法促销，期盼凭着若花田的超人气和号召力可以增加日本民众对美式足球的喜爱，从而开拓美式足球的日本市场。

□ 若花田　日本国技相扑1500年历史上，只出过67位横纲，若花田便是其中之一。他的人气遍日本，地位崇高，但他说，他念高中时就梦想有一天能到新大陆打美式足球（AFL）。他终于站上亚利桑那响尾蛇队的球场秀了一手。

第四章
力士之家

□ 相扑锦绘之行司（裁判）

第四章

力士之家

如今，日本成立了专门培养相扑勇士的学校，日本相扑协会负责管理学校。该协会分为几十个“部屋”（即分会），由最高领导者“亲方”（即师傅）管理。“亲方”往往是退役的著名相扑选手，负责相扑协会和教授弟子技艺。在部屋，力士们经常需要早起，尤其是新入门的弟子。他们大概要在早晨3点钟左右起床。

□ 相扑御览图

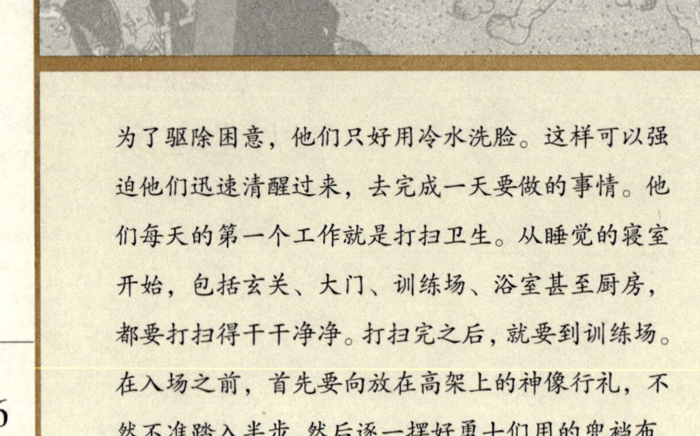

为了驱除困意，他们只好用冷水洗脸。这样可以强迫他们迅速清醒过来，去完成一天要做的事情。他们每天的第一个工作就是打扫卫生。从睡觉的寝室开始，包括玄关、大门、训练场、浴室甚至厨房，都要打扫得干干净净。打扫完之后，就要到训练场。在入场之前，首先要向放在高架上的神像行礼，不然不准踏入半步，然后逐一摆好勇士们用的兜裆布，才可以离开训练场。

出羽海部屋

万延二年（公元 1861 年）建立的出羽海部屋是很有名的一个部屋。

第 19 代横纲级力士常陆山（第 5 代出羽海部屋的领导者）可以说是该部屋的“中兴之祖”。他这一辈一共培养出了 36 个幕内（包括横纲 3 人，大关 3 人，三段 12 人）。正因为如此，出羽海部屋变得非常有名。常陆山、大锦、枥木山、常之化、武藏山、安会海、千代山、佐田山、三重海，这 9 名横纲级力士都是由这个部屋培养的。

然而，自第 7 代出羽海亲方——原日本相扑协会理事长去世以后，部屋的继承就出现了很多争论。千代山（后为九重亲方）在昭和 42 年（公元 1967 年）1 月带领大关北富士自立门户。这在日本相扑界是不被允许的。

因此，这件事在当年几乎引起骚动。

目前出羽海部屋的亲方（原横纲级力士佐田山），于昭和 13 年（公元 1938 年）2 月 18 日生于日本长崎，本名市川晋松。他曾获得 3 次胜利和奖赏，打败过大鹏、柏户。与此同时，佐田山也是首位从“前头”成为大关的力士，并获得横纲级力士头衔。 并且在其成为大关后，与第 8 代出羽海亲方（原前头级力士出羽海，之后的武藏川理事长）的长女惠津子结婚，甚至成为

□ 两名少年相扑选手正在进行训练拥有1500年历史的日本国技——相扑，因生于全球化时代的少年参与者而继续存在。

婿养子（在日本婿养子有继承财产的权利）。而相扑茶屋“四万”就是由其妻子和岳母经营。在取得两次连胜之后，昭和43年（公元1968年）3月他以“精神气几乎已耗尽，再也没有力气了”为理由退出比赛，接手部屋管理权。为防止受伤，在训练场角落安装暖气这样的问题就是在他接手部屋后，打破惯例进行的尝试。同时，横纲级力士三重海，关胁级力士出羽之花，小结级力士大锦、佐田海，前头级力士鹫羽山等都是由这个部屋培养出来的。

目前出羽海部屋的人数是继时津风部屋之后的第4名，内有弟子30余人。久岛海、小城之花、舞海、两国、常山、小城锦等关取力士出自该部屋。而日野、三保关、武藏川、北湖、玉井等各部屋都属出羽海一门。

佐田山长期在日本相扑协会工作，是事业部长，权力居第二位。在成为新任相扑协会理事长后，于公元1992年1月职位改选时接任前理事长二子山的职务。在此期间，他以卓越的领导才能为改变相扑的压抑气氛做了很多改革。可以说，佐田山一直以继续发扬相扑，带领相扑进入一个新境界为己任。

春日野部屋

横纲级巨将栃木山（出羽海部屋）在大正 15 年（公元 1926 年）退役后创建了春日野部屋，并和出羽海部屋有经常的交流。

栃木山为人随和，协助出羽海理事长，成为相扑协会的重要人物。栃锦、栃之海两位横纲级力士就是出自这个部屋。该部屋的特点和传统是“小兵相扑技巧”（指身高不到 170 厘米，体重在 100 千克左右的力士，以身材小，动作灵活敏捷见长）。

春日野亲方是有名的横纲级力士，并且是栃锦的前辈。历史上著名的“栃若时代”就是栃锦与若乃花（二子山亲方）创造的。在此期间，协会的繁荣发展受到引退后的栃锦理事长的巨大帮助。同时，他非凡的工作能力在两国国技馆的资金筹集和建设上表现突出。

除关胁栃东、栃赤城外，还包括金城、舛田山、栃司、栃乃和歌都是这个部屋的弟子。需要特别指出的是，大关级力士栃光和栃之海也是栃木山前辈的得意弟子。

栃之海本名宫古茂广，昭和 13 年（公元 1938 年）3 月 13 日生于日本青森县。作为一名身高仅 170 厘米，体重 100 千克的轻量级选手，他的实

□ 古绘《力士图》　对于相扑力士来讲，没有休息，日复一日，周而复始。也正是他们这样的勤学苦练地继承着传统的比赛，人们今天才有眼福能看到这古老的日本"国技"。

力却不可小觑。他战胜过大棚、柏户，从而赢得 3 次优胜，获得过"敢斗"奖和 6 次技能奖。自 28 岁作为最年轻的力士引退后，枥之海就留在部屋辅佐亲方，并且于公元 1992 年接手春日野部屋。他与曾为宝塚女演员的喜子生有一男一女。男孩康行与若花田是同学，同在明治大学中野中学相扑班上学。康行艺名日之出海，离开相扑界是在升为序二段力士后。目前，枥之海在日本相扑协会任职，任第二位的巡业部长。

二子山部屋

若乃花作为一名横纲级力士有“土俵之鬼”称号。他与枥锦有辉煌的战绩，创造了“枥若时代”。自昭和 37 年（公元 1962 年）3 月从花笼部屋引退后，若乃花创建了二子山部屋。在没有任何基础的情况下，他培养了小结二子岳。他的弟弟贵乃花（现藤岛部屋亲方）此后也入了该部屋。正是在他入门的 3 年之后，该部屋赢来了自己的辉煌时代。贵乃花也被称为相扑界的“王子”。此后，该部屋在若乃花的带领下继续前进。他与“花田家”的兄弟藤岛亲方、侄子若花田、贵花田及作为师祖的本家二所关一门共同确定了相扑界武林盟主的地位。然而，他于平成四年（公元 1992 年）1 月不再担任相扑协会理事长。

若乃花本名花田胜治，是苹果园主的长子。他家庭富裕，于昭和 3 年（公元 1928 年）3 月 16 日生于日本青森县。因台风破坏，昭和 9 年（公元 1934 年）他家苹果遭受灾害，导致家庭破产。因此，他到北海道室兰市从事货船的装卸工作，来缓解家庭困难。在此期间，若乃花被在北海道巡演的相扑力士大海（后花笼部屋亲方）发现。于是，昭和 21 年（公元 1946 年）他被招入二所关部屋学习相扑。后来，大海创立花笼部屋时，若乃花亦追随大

□相扑仪式　比赛前撒盐，清洁场地，祭祀天地，祈求安全。

海进入花笼部屋。当时，他的体重只有77千克，即使最重的时候也仅仅107千克。即使如此，昭和30年（公元1955年）他仍凭自己的艰苦训练以轻量型体重升入大关级别。并于昭和33年（公元1958年）晋升为横纲级力士。他的技巧为观众所喜欢，曾经获得10次优胜，5次三大奖之一。

若乃花与夫人香代有两个男孩和两个女孩。长子胜男在其为横纲时期被烫死于力士吃饭用的火锅。他承受如此剧痛，但从未放弃比赛，泪水挥洒在土俵场上。

若乃花在公元1962年5月引退后，建立了二子山部屋。他有“土俵之鬼”之称，有令人骄傲的成绩，并是第45代横纲级力士。优秀的横纲级力士第二代若乃花隆之里、大关贵之花、若岛津等都是他培养出来的。在教学期间，他采取斯马达式教育方法，不断创新。“我作为相扑协会的领导者可能次于春日野亲方，但若说是培养弟子就必然领先其一步两步了。”他经常这样对人说。

三杉里、隆三杉等都是二子山部屋的弟子，该部屋共有13人，人数相对较少。花笼部屋前代亲方大海独立出二所关之后，凭借着坚守该门的传统，给二所关带来了前所未有的繁荣局面。因此，对于出羽海一门不允许独立门户的决定，二所关却一贯倡导这一方针。除藤岛亲方之外，间垣（第二代若乃花）、松根（原若岛津）、鸣户（原隆之里）等都建立了自己部屋。最近，花笼（原太寿山）、荒矶（原二子岳）两位亲方也把独立门户列入了自己的计划。

藤岛部屋

昭和57年（公元1982年）1月，从二子山部屋独立出来的原大关级力士贵之花（现藤岛亲方）创立了藤岛部屋。这个部屋有41人，包括若、贵两兄弟，仅次于45人的部屋，而且人数还在不断增加。正是因为如此，该部屋一直备受相扑迷们的关注。

藤岛亲方本名花田满，生于昭和25年（公元1950年）2月19日的日本青森县。他是家里10个兄弟中最小的，比二子山亲方小22岁。他在中学时曾是蝶泳冠军，并成为东京奥运会的候补选手。而之所以放弃游泳，从事相扑则是受其哥哥的影响。在他18岁的时候，他成为最年轻的十两级力士，也因此招致了很多非议和歧视。由于其进步神速，技术娴熟，22岁时他已经升为大关级力士，被人叫做“相扑界的王子”。他取得过两次优胜，9次三赏，保持大关在位50场胜利的最长纪录，但体重却仅仅是110千克轻量型。他的妻子是松竹电影公司的女演员，比他大3岁。他们结婚时，他只是一名平幕力士。这场婚姻在当时遭到其师傅二子山亲方的强烈反对。因此他和妻子只好在东京回谷区一间10平方米的出租公寓同居。

时津风部屋

横纲级力士可以取得部屋师傅资格，因此，昭和16年（公元1941年），日本相扑协会授予4位横纲级力士师傅资格。昭和16年12月，横纲级力士双叶山与10名弟子从立浪部屋中独立出来。其亲友镜岩的久米川亲方的15名弟子也由双叶山管理。所以双叶山相扑道场可以说是建立在久米川部屋的基础上的。今天，虽然时津风部屋以“时津风”命名，但“双叶山相扑道场”的牌子却依然悬挂在门廊上。

□相扑仪式　比赛前的跺脚仪式，冲“力水”，擦拭污秽。

双叶山相扑道场成立后，作为原久米川部屋的横纲力士镜里，把荒汐、甲山、二十山、音羽山、式秀等部屋合并。

公元1945年11月双叶山引退后，双叶山相扑道场改名为时津风部屋。双叶山在担任日本相扑协会的理事

相扑古绘

长期间，对相扑做了巨大指引作用。横纲级力士镜里、大关级力士大内山、北叶山、丰山等四人都是在该部屋中培养出的。

大关级力士丰山是现任时津风部屋亲方，也是学生相扑出身。丰山本名内田胜男，生于昭和 12 年（公元 1937 年），日本新泻县人。他进入时津风部屋时已经在东京农业大学成为学生横纲级选手。进入部屋后，丰山破格升为幕下力士，又以 6 场比赛迅速获得了敢斗奖。公元 1963 年 3 月丰山晋升为大关，最终因腰痛难耐引退。由于其刻苦认真，他于 6 年后继承了时津风部屋的管理权。因为他作风开明、轻松，很快将部屋从拥有一个关取级力士发展成为拥有 6 名关取级力士。他培养了以前代最后一名弟子藏间为首的 10 人左右的关取级力士。部屋现有弟子 33 人。

丰山的理论水平同样优秀。出羽海理事长的体制建设就是出自他的手笔。在那之后，公元 1992 年 2 月他正式出任出羽海理事长体制中职责第二的事业总部长。对于他会如何管理出羽海的事业，人们正拭目以待。

附件 11 协会及运营

日本相扑协会在致力于研究日本固有国技——相扑技术及其普及发展的同时，也经营着开展此项运动所必需的各项设施，并以继承发扬相扑事业和提高国民身心健康为己任。相扑协会的理事长（一名）代表协会作为事业的责任者管理协会的各项工作。理事长由理事会成员选举任命。理事会由 7 至 10 名理事组成，对协会作出的各项重要决定进行表决，是相扑界的最高权力机构。

理事或监事由评议委员会通过评议员的选举产生，理事或监事必须是协会的委员。评议员是由年寄、力士（4 名）和行司（2 名）各自选举产生，所谓的年寄即必须是日本国籍，幕内 1 场全勤的力士或已成为十两力士连续 20 场，总共 25 场比赛经验的力士。有这种资格的力士在继承年寄名称时须向协会提出申请，待理事会做出认可后方能将其年寄名称登记在花名册上。但是那些想继承师傅名称的十两力士不必非符合上述条件不可，以现役身份继承师博的名称或继续使用现役时的名称，只要得到理事会的承认便可以继续延用自己名称。

☐ 相扑力士玩偶

☐ 相扑力士助阵日本婴儿啼哭大赛

理事长及理事为了促进协会各项工作的顺利进行，特将协会的各项工作按照不同职种进行分类，以便各理事各负其责，协同工作。

相扑训练所长

普及指导部长

生活指导部长

事业部长

审判部长

地方赛式部长

巡业部长

相扑竞技监察委员长

公伤认定委员

以上组织分别担负着相扑协会的各项工作：

相扑训练所的设立维持

培养力士、行司

公开举办相扑力士的比赛

指导并奖励青少年、学生相扑运动

维持国技馆的运营

维持相扑博物馆的运营

发行与相扑有关的出版物

管理年寄、力士及行司的福利

为达到其他目的而必须做的工作

为推进以上各项工作的顺利进行，除年寄、力士、行司外还设立了以年轻领导（8人以内）、斡旋人（8人以内）、呼出（向观众介绍相扑运动员姓名的报幕员，38人以内）、床山（专给力士梳头的人，40名以内）为代表的经营委员会。该经营委员会的职能是谋求各项事业的顺利进行，由理事（2名）、委员（2名）、年轻领导（1名）、斡旋人（1名）、呼出（2

名）构成委员会的主要成员。

除此之外由7至15名有学历者构成的运营审议会对协会的重要运营事项进行审议。而且协会还制订了一条为协会发展作出积极贡献的个人及团体的维持员制度,是由协会、各相扑部屋、力士等的后援团构成的。

□ 相扑屋顶　“悬吊屋顶”原先的“土俵”是由4根圆柱支起一个屋顶，有点像中国的亭子。但是公元1952年起为了便于观众观看比赛，将屋吊在了空中。

协会内部还举办形式多样的联谊会,像年寄会、力士会、行司会等，协会为把这些联谊会举办成培养人才、交流技术的新潮“训练场”，给予了积极指导与支援。

作为相扑协会重要工作之一的力士相扑竞技公演每年在主场地进行6次，之外的公演根据场地另行安排。公演地区主要目的是力求通过公演提高力士们的相扑技术。

协会在海外举办的巡演致力于推广国粹——相扑在海外的影响力，在国内协会的指导普及部还在木田、朝霞、本乡、鹿儿岛、高田这5个地区设置了5个支部，为的是更好地发现、培养青少年相扑爱好者。

日本相扑协会根据上述的组织形式进行着日常工作的运转，其中最重要的一项成果如前所述，它把继承了古代优秀传统的相扑运动用完善的管理模式维持至今，使其作为民族文化遗产发扬光大，在设施、用品、用具及竞争技巧上充分展示了其他运动所不具有的特殊性。

□ 国技馆外景

附件 12 相扑茶屋

日本有一个专门报道相扑界新闻的记者团，人们称他们为相扑记者。在人们的印象中这些记者经常出入国技馆及各相扑部屋，与相扑界的有关人士非常熟悉，所以他们应该非常容易在比赛时弄到门票，其实，现实情况并非如此。日本的棒球也非常受欢迎，每当有棒球比赛时，那些票贩子就站在场馆前以高价兜售门票，观众入场后因门票的原因经常出现混乱的情况。但在相扑比赛上却从未听说过有此类事件发生。

每年在东京两国国技馆要举办春、夏、秋三季的比赛，国技馆的容纳量约 1.1 万人，每次比赛持续 15 天，这样算来每年国技馆要接待观众大约 495 万人。对于生活在东京的相扑迷来说看几场比赛很平常，但对于身处其他城市的相扑迷来说，能拥有 1 张入场门票可谓难上加难了。每到赛季，在国技馆售票处经常可以看到彻夜排队买票的相扑迷。有没有更简单的方法购得门票呢？有，那必须找一个在 15 天赛事中始终向大企业或个人提供门票的人。这种人并不是票贩子，而且从他们手中购买的门票能够确保观看效果，事实上很多人都从他们那里购票。

最近又流行起一种新的购票方式。JR 日本铁路和日本航空公司将本公

司出售的车票或机票与国技馆主场馆的门票一同售出，为的是招揽顾客，还有一家浅草的酒店打出："在本店住宿一夜，可免费赠送早餐并附有一张相扑观战门票……"一些公司还将相扑比赛的入场券作为抽奖活动的奖品以答谢顾客对本公司的支持。然而，还是有些人不愿意接受这种售票方式，究其原因，他们不愿意将相扑与广告联系在一起，对于此类观众我们可以介绍给他们第 4 种购票方法。

在国技馆正门入口的左侧另有一个入口，这便是"相扑茶屋"（正式名称为相扑服务公司）的入口。进门后，你会发现在通往场馆内部的通道两侧并列着 20 间左右的相扑茶屋，左侧的茶屋序号为 11 号——20 号，右侧为 1 号——10 号。如果你向茶屋咨询有无门票可以转让的话，这或许是较前 3 种方法更为简单的购票方式。

相扑茶屋为常来光顾的老客户定了团体座席或个人座席，还可以将一些普通座席卖给个人。如果是打电话询问购票一事的，大体都可以提前预留满足观众的要求。这也许是个人获取门票最便捷的途径了。当然，这些门票的价格不菲，但与票贩子违法兜售门票的性质不同。

从相扑茶屋购得的门票在其背面都印有该相扑茶屋的印章，这样的相扑茶屋在国技馆有 20 间，大阪府立体育馆 16 间，名古屋爱知体育馆 8 间，九州福冈国际中心"喜久家"大相扑商店 1 间。每家茶屋都有自己独特的标识志在主场馆或地方巡演时为观众提供向导服务。

持有从相扑茶屋购买的门票入场后，在该相扑茶屋所在地将门票出示给被称为"出方"的向导看，他会把你带到规定的位置。平常在茶屋内可购买到一些饮料零食或纪念品什么的，有时也可以到达规定座席后全部交给"出方"去购买，只将所需现金交给"出方"就可以了，一般不需做具体说明，"出方"会根据你支付现金的多少为你购买相应的饮料或食品并送到座席处来。大多是日本酒、幕内盒饭、甜栗子、巧克力、煎饼等，还有一些小纪念册。这些都是按一定的价格固定搭配好的，当然还有更高级的搭配，完全根据个人的支付能力而定。还有一点必须记住的是向“出方”支付小费，但在这种场合下，人们把小费称为“祝仪”。可根据个人的心情支付，一般在2000日元左右，如果你想心情舒畅地观看比赛，作为观战的必要经费还是提前支付“祝仪”比较好，给与不给，从“出方”的态度中就可以预想观战的效果如何了。

所谓的团体座席依照观看效果的不同分为三个等级，以公元1993年1月比赛为例：

贵宾席	1.3万日元
团体座席A	1万日元
团体座席B	9000日元
团体座席C	8000日元

团体座席一般是4人一组，假如以A级座席为例计算的话，座席费4万日元，加上前面所说的饮料、零食及纪念品的费用按每人须支付2万日元计总共是8万日元，两者共计约12万日元。这12万日元的收入，其中4万日元交日本相扑协会，剩下的8万日元由相扑茶屋自行处理。

相扑茶屋究竟何时兴起的呢？这大概要追述到江户时代。当时不叫相扑茶屋，而是称为“栈敷方”，相扑茶屋这一叫法也是从明治末期才开始流行起来的，正式名称是“相扑服务公司”，这是自相扑协会各组织体系完备后（公元1957年）才流传开的，是由被称为“智多星”的武藏川理事长为中心的领导者在决定实行力士月薪制度大改革后的又一个“近代化”产物。

现在每个相扑茶屋究竟掌握了多少张团体座席票，不得而知。粗略地

计算一下大概有将近90％的门票都掌握在这些相扑茶屋手中。为什么日本相扑协会会将这么多门票交由相扑茶屋出售呢？某位在协会任职的亲方作了这样的解释："有关门票的事宜是相扑茶屋与协会签订的售卖合同认可的，由我们出具一些票据，将售票的工作委托给茶屋进行，团体座席大都可以全部售出。即便有未售出的门票，协会也不负担损失，因为相扑茶屋都有自己的老顾客，可以帮忙卖掉那些门票。即使在市场不景气、相扑遭受冷落的时候，因为有相扑茶屋在，协会也不必担心上座率，可以高枕无忧地等观众来观看比赛。当然，过去在相扑市场相对惨淡的时期，也有不少因经营不善而倒闭的相扑茶屋。"这段说明当然是站在协会的立场上发表的。

对一些针对相扑茶屋是否存在牟取暴利的问题，茶屋的经营者说："绝不可能有此事，对于每年只在此（东京主场馆）举行的3场比赛，各茶屋的竞争分外激烈，我们怎么敢那样做？"曾经有人指责协会将90％的门票交给相扑茶屋售卖是否过于优待他们，春日野任理事长时曾就此提出要"增加普通形式的售票量"，但这一改革措施之后却不了了之。其实，相扑茶屋的经营者大多是与相扑界有密切关系的人物。例如，东京的相扑茶屋第12号店铺"四万"，由出羽海理事长的夫人和其母亲共同经营，第2号店铺"纪之国家"是镜山亲方的夫人经营，第3号店铺"大和家"由前代春日野夫人的妹妹掌管，第4号"吉可和"是井筒亲方夫人的弟弟经营的。

单是从这些经营者的身份考虑，也就明白为何相扑协会提出的改革方案未能实行的原因了吧！

第五章
北斗泰山

□ 相扑锦绘之训练图

第五章

北斗泰山

相扑运动是深受日本民众喜爱的一项体育运动，其影响力与京剧在中国的情况相类似；所承载的传统文化内涵远远大于体育竞技意义，很多外国观众都把它看作象征日本民族性格的一种独特人文景观。据《读卖新闻》民意调查显示：日本人对相扑的喜爱程度与足球并列第三名，仅次于棒球和马拉松。如前横纲贵花田退役时，得到1.3亿日元的高额奖金，这无疑证明了日本国民对他是何等热爱。但是，时下相扑界面临着日益明显的文化碰撞。本来，日本壮汉一直是这个洒满汗水的赛场的主角。但外国选手现在已有取而代之之势。

□ 古绘相扑图

彩色锦绘

一、古典派力士

有个叫做吉屋信子的日本人，道出了横纲玉锦一段鲜为人知的经历。他从第一人称的角度出发进行叙述，散文风格的笔调极其舒缓。文章是这样写的：

在一段时间里，我曾经十分喜欢相扑。理由非常简单。因为我非常喜欢一位横纲段位的选手，名叫玉锦。玉锦在比赛登场仪式上的姿势十分迷人，就像锦绘上的古代相扑力士一样。他的肤色十分白净，肚子上系着非常好看的足柄山金太郎肚兜。脸庞上的腮高高鼓起，左右脚来回高抬着，以便用力踏地。每当我看到他露出来的凹着的脚心，白白嫩嫩得像是点头娃娃的脚心。就会觉得心旷神怡。

玉锦在昭和12年（公元1937年）的夏季赛事里，曾经感冒发烧近40度，但是仍然带病坚持比赛。当时他的对手是强敌双叶山大关，他不想被人认为是因为怯场而退赛。因为病情的关系，他虽然全力以赴，但仍然没有战胜强有力的双叶山。就是这个时候双叶山获得了横纲段位。

刚刚结束比赛，杂志社就给了我一个任务，采访双叶山。采访是在一家日式酒家进行的。那天，身穿和服，外挂礼装的新横纲端坐在座位上，对我说前几天他去了明治剧场。因为我当时有一部作品，正在舞台上上演。这位青年由此给我留下了理智、沉着稳重、具有常识的印象，即使他去上大学、去公司或者在政府机关工作，而不是成为一名相扑力士，想必也会成为备受欢迎、有前途的佼佼者。

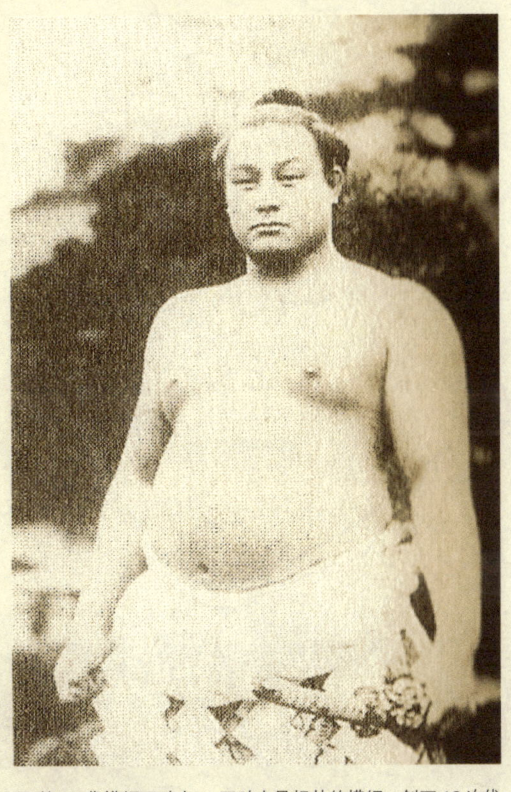

□ 第35代横纲双叶山　双叶山是相扑的横纲，创下12次优胜、69连胜的纪录，是有名的相扑选手。后来，他当上了日本相扑协会的理事长。

于是我又想去采访玉锦，将他与双叶山做一下比较。刚好杂志社又给我了这个机会。这次采访的地方选在了“二所部屋”的训练场地。当时相扑力士们都在为了第二年的春季赛事而辛苦地备战。这其中包括只系一条兜裆布、头发没长长的年轻力士，还有玉锦的得意门生玉海和佐贺花。我去的时候，正好大家聚在一起吃着什锦火锅。

玉锦待我和摄影师与普通的相扑迷并无区别。他对我们特别亲切，一边招呼我到他巨大的身体旁坐下，一边为我亲手盛了饭菜。他告诉我：“吃吧，这个可以滋补身体。”说完，便拿起半个柚子，双手用力一挤，将柚汁挤到了我的碗里。然后，将眼前的苏格兰产威士忌倒在一个啤酒瓶大小的杯子里。他先喝了一口，喝完将酒杯递到我手里，叮嘱我少喝一点。我不由感慨，玉锦三右

□ 有关相扑的浮世绘

卫门不愧是一位天衣无缝、豪爽无比、举世无双的横纲力士。

松子夫人出来跟我们打招呼时，玉锦对妻子说，“让孩子们见见客人。”夫人说孩子们不在，出去了。玉锦就说：“去把他们找回来。”他十分想让我们见见孩子，并不时地对摄影师说：“孩子真的非常可爱。”

后来，玉锦又带着我们去他的起居室参观。当我看到壁龛处悬挂着的一把日本刀，就小声嘀咕了一句，“啊！刀！”玉锦听到后，就说：“如果喜欢就拿去吧。”说完，便用他又大又圆的手摘下刀来递给我。我战战兢兢回绝道：“我怕刀，不能要。”玉锦笑道：“就当成一个装饰物，没有什么好怕的。”

玉锦这个人，也许什么都干不了，只能当相扑力士。也可以说，玉锦是一个什么都不知道、只知道相扑的人。他白净的巨大体型中，蕴藏的是单纯而又天真无邪的性格。所以他会做出一些类似发烧也不愿意被误解，而硬撑着上场这样不太理智的事情。我想玉锦可以算是古典派的最后一位代表，今后可能再也不会出现像他这样具有相扑气质的力士了。

将双叶山和玉锦比较之后可以发现。双叶山是相扑界的先驱，代表了近代的理智者。而玉锦则让人联想到歌舞伎中描绘的（双蝶蝶曲轮日记）相扑力士，头上的发髻，身着相扑刺绣围裙华美的立姿，活像一副彩色的锦绘。

遗憾的是，这位美如锦绘的横纲级别力士，虽然曾经拥有 7 块全胜战绩的匾额，最终仍然没有战胜劲敌双叶山。

在之后不久的春季赛事中，玉锦还是输给了双叶山。双叶山取得了全胜 4 次赛事的优异成绩。虽然我也觉得双叶山很厉害，是个难以战胜的对手，但是仍然很同情玉锦，心里十分感伤，并且暗地里期待着夏季赛事，玉锦可以战胜双叶山，哪怕是一次也足够了。

二、“一字”马

吉屋信子接下来写道：

原本我期待的夏季赛事，到最后还是破灭了。一直到千秋乐的前一天，双叶山都是一路披荆斩棘，所向披靡。不管是横纲段位的武藏山，还是男女川。虽然都是竭尽全力，却仍然没有抵挡住双叶山的强攻。最后，大家把希望都放到曾经叱咤风云的常胜勇士——玉锦身上。玉锦其实应该战胜双叶山的，因为在那次赛事上他已经连输两场。比赛那天，我一直心神不宁。若是平时的相扑比赛，我只有在高段位比赛时才去看。但是那天却早早地就去了赛场，饿得吃了两次盒饭。那一天，赛场内观众爆满，就连正面的高台，都挤满了人。

大多数观众都是为了给双叶助威才来的。他们希望一路过关斩将所向无敌的双叶，可以取得66连胜。所以当时的我觉得自己很孤立无援又很感伤。但是仍然期待着玉锦可以获胜。

那一天赛场上十分热烈，大家都沉浸在沸腾的气氛中。压根儿不知道，当天夜晚发生了地震。直到后来的广播报道，大家才意识到。总算到了关键的最后一场比赛。因为角逐太过激烈，比赛中间甚至出现了暂停。两人的支持者不停地加油呐喊，震耳欲聋的声音好像又发生了地震。两个人经过了一番激烈的比赛，大汗淋漓。但最终，玉锦还是没有获胜。

比赛结束后，我仍然留下，稀里糊涂地看了平时不看的赛后仪式。就在准备回去的时候，发现了背着身子的玉锦。他穿着浴衣，坐在空无一人的场内酒吧台前，落寞地大口喝着酒。我知道此刻任何语言上的安慰都是空白的，所以忍住没有前去打招呼。这也是在最后看到的玉锦的情况。

同年12月，玉锦在去大阪表演的路途中，因为盲肠炎并发腹膜炎突然离开人世。他再也不可能有机会战胜双叶了。我突然觉得很伤感，因为再也见不到那彩色的锦绘般的登场姿势。后来，我又像往常那样看了第二年的春季赛事，却意外看到双叶山失手，在第四天的比赛中被安艺海打败。那一刻，所有观众

都吃惊地站了起来，赛场里顿时座垫乱飞。我却一下子想到了玉锦，如果他在，那该多好。

后来，双叶山一直没有找到曾经连胜的状态，先后败在了鹿岛洋、九号和玉海手下。

玉海是玉锦的得意弟子。当初玉锦大阪手术输的血就是从玉海身上抽的。玉海胜利后的第二天恰好是玉锦的周忌。玉锦夫人便带着玉海在玉锦灵前哭诉这一消息。

□ 双叶山入场 “东方不败”一词代表着绝顶高手，无敌之人。在日本的相扑界，也曾出现过一位足以号称“东方不败”的决定高手，他纵横日本相扑界18年，击败了无数相扑高手，更一举创下了69场连胜的不破记录。他，就是日本昭和年间的横纲双叶山。

等到照片洗出来，就让人联想到现代剧中的一个场面。后来，我慢慢地迷上了赛马，兴趣点从国技馆（相扑体育馆）转移到了赛马场。这才渐渐释怀双叶和玉锦高手对决的一喜一忧。

渐渐地，我成为了赛马协会的主席。当我有幸弄到了一匹可能成为相当于相扑中关级别的骏马，我就想称它为“玉锦”。后来觉得这样做对去世的横纲玉锦很不礼貌。又想取名叫“玉”，朋友却笑我说这是猫的名字。

有一天我突然想起采访玉锦时的情景。那天他取下壁龛上的刀，对我说“拿去吧”。我看到刀铭上有个“一字”，于是便将其作为马的名字。取名为“一字”的马儿在它3岁第一次参加比赛就获得了很好的成绩。

昭和30年（公元1955年）5月8日，有一场4岁马大赛前哨站NHK杯赛。那天，著名旗手高桥英夫骑上了“一字”马，和已故吉川英治先生的爱马展开了激烈的角逐。爱马当时已相当于相扑中横纲级别，是大赛中最有希望获胜的。结果，“一字”马意外地获得了胜利。当时，吉川英治先生第一个来祝贺我。

□ 双叶山被击败的瞬间

怀抱着金光熠熠的NHK奖杯时，我情难自控地喃喃说道：“谢谢你，玉锦。”

后来我把这些故事讲给了别人听，却被他们嘲讽了一顿。他们说：“本来很敬佩你，以为你喜欢玉锦。听你说完才明白，原来你喜欢夸耀自己的马，真是的……”

WOLF——狼

在昭和45年（公元1970年）的北海道，曾经发生过这样一件事。一个少年想成为一名相扑力士，却因为身材矮小犹豫不决，当时大相扑各地巡演，正好来到了北海道。少年的父亲便找到一位前来巡演的相扑力士。满怀希望地问道："孩子体格这样，还能成为一名力士吗？"相扑力士看着眼前的孩子，这样回答："孩子的目光中，我看到了常人没有的坚韧。在我入门的时候，体型也很小。只要你相信自己可以，就一定没问题。"说完，写下一句话"努力"，放在盛放礼品的盒子里，递给了少年。这位少年，就是千代富士——日本相扑第58代横纲级力士。而鼓励这位少年的相扑力士，就是著名的藤岛亲方（原大关贵之花）。正是他的一句"努力"让千代富士成为了著名的相扑力士！

千代富士希望加入九重部屋，师兄北富士（当时横纲级力士，后为其师傅）把他带到了东京。当时北富士曾问千代富士知不知道他是谁，千代富士回答说不知道。千代富士想的是，虽然和他是同一部屋的师兄弟，不知道他就是当时横纲级力士。但是只要知道贵之花就足够了。千代富士与花田家的不可思议的因缘关系，大概就是从这个时候开始的。

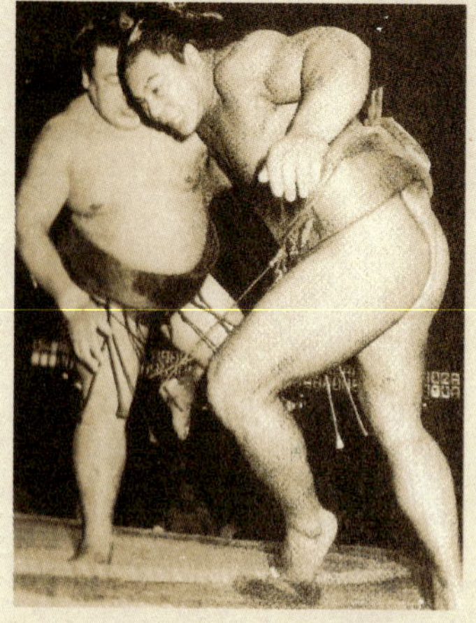

□ 千代富士场上英姿　以“狼的特技”而留下鲜明印象的“小型大横纲”千代富士，创造了53连胜、幕内807胜、通算1045胜等一系列纪录。

九重亲方（原横纲级力士北富士）在回忆起来也觉得既好笑又好气。他说：“把他（千代富士）带来是因为说要到东京玩，最后却不知道我是谁。但是从那小子的目光中，却看出与众不同的神采。将来一定是个不同寻常的人才。”在经历了一番严格的训练之后，在昭和53年（公元1978年）10月的京都一战中。年仅23岁的千代富士，就以97千克的轻量型力士晋升为3役。这种优异的成绩，离不开藤岛亲方的谆谆教诲。

□ 千代富士引退时泣不成声

在昭和56年（公元1981年），千代富士以关胁的身份获得了胜利。那年刚好是大关贵之花（之后的藤岛亲方）引退时期。千代富士在贵之花的最后一次比赛上，为他送上了力水。后来，千代富士也邀请了刚引退不久的贵之花一家参加他的庆功会。那个时候，贵之花家的若花田才10岁而已，弟弟贵花田也只有7岁。在公元1991年的夏季比赛即10年后的相扑赛场，贵花田打败了千代富士。后来第3天的比赛，千代富士又输给了藤岛亲方培养的力士贵斗力，感慨着自己的体力已经到了极限，决心引退。这个时候发生了一件有趣的事。千代

富士最后一场比赛的时候，收到了贵花田送来的力水。当时千代富士看着贵花田，无比幸福地说道："幸亏你战胜了我，不然我可就退休了。"

千代富士在引退的记者招待会上情难自抑地哭了。他流着眼泪说："我已经没有力气了……已经到了体力的极限……"这位横纲级选手沿袭了"阵幕"之名。在结束了土俵上 22 年的相扑生活之后，于公元 1992 年成为了九重部屋的管理者。千代富士一一向日本相扑协会成员道谢。告别完后，在走廊处遇到了藤岛亲方，两人互相拥抱。藤岛亲方对千代富士说："谢谢你对贵花田的提携！"并深深地给他鞠了一躬。或许这就是千代富士回报恩师藤岛亲方的方式吧。从此之后，千代富士和花田家的因缘，也渐渐落下帷幕。

千代富士身高 1.83 米，体重 121 千克。从昭和 45 年（公元 1970 年）9 月第一次进入土俵，到平成三年（公元 1991 年）5 月参加最后一场比赛，他总共经历了 22 年的土俵生活。也是相扑史上继双叶山 69 次连胜后连胜 53 次的横纲级力士。相扑迷们曾为千代富士取了一个雅号——"狼"。"狼"的目光犀利而又不失温柔，这也恰好是其入土俵学习相扑的关键吧。

千代富士一直忍受着脱臼带来的疼痛，在土俵期间左右臂一共脱臼 11 次。他在公元 1988 年的春季比赛，曾一直保持着优势，却因左肩脱臼，在与大乃国进行的一场比赛中不得不休场。后来千代富士在左肩被石膏固定的状态下，获得了第 27 届天皇杯。

对于千代富士来说，昭和 63 年（公元 1988 年）的回忆是不幸的。他的三女爱子仅仅活了 4 个月就因突发疾病身亡，这让千代富士和夫人十分伤心。九重亲方（原横纲级力士北富士）哭着说："为了让你获胜，这个孩子才来到世上的呀！"孩子的葬礼很简短。刚举行完，千代富士就留下伤心欲绝的妻子，悲痛地赶往名古屋的赛场。他难过的说道："我不能退场，

□ 千代富士与妻子在订婚会上

我有责任坚持下去……只是我的妻子……这个时候最需要我的安慰啊！”

千代富士仍然决定比赛，尽管内心十分的悲痛。那次比赛千代富士的压力很大，不仅上场前呕吐得厉害，对手又碰巧是同门师弟北胜海。也许只有他的身体才清晰的记得是如何战胜北胜海的。他说全凭女儿，他才取得了优胜。就好像爱女一直在背后推着自己，给自己加油鼓劲。比赛结束时，千代富士看着女儿的照片——那是女儿与自己5次取胜后的合影，情不自禁地啜泣道：“能与爱女合影，这是多么美好的一件事情。”

“如果没有家庭给予我的支持。离开了他们，就不会有我现在的成绩，也不会有10年的相扑生涯。从现在开始，我想做一个好的父亲，好的丈夫。陪他们去旅行，团结家庭的力量，过新的生活。”卸去了横纲级力士的重担，离开了奋斗多年的土俵。千代富士开始新生活的第一步，就是在不久以后担当九重部屋的亲方。

千代富士的相扑生涯并不是一帆风顺的。昭和57年（公元1982年），千代富士晋升为横纲级力士后刚满一年。在此前1年，即昭和56年（公元1981年），他曾两次对阵北天佑。北天佑又有一个绰号叫“北海的白熊”，是名具有一定实力的新力士。而他的亲弟弟，艺名富士升，恰好是九重部屋的力士。报界不知道从哪里得到的消息，竟然刊登了如下的新闻。“千代富士因为输给了北天佑，就将其弟弟当做出气筒，欺负富士生……”这样的流言，一个年轻气旺的横纲力士，怎么忍受得了。

再加上电视台在两三年前曾播放过一期特别节目，又为当时的情况起到了火上浇油的作用。这期节目是关于相扑训练的。其中有个长达10分钟

的镜头，讲了一位叫隆之里的相扑力士欺负年轻弟子的事情。包括扯头发，向嘴里塞沙子等。电视台刚播完这些残酷的画面，各种舆论就此起彼伏。隆之里更是因为人们的责难而一度无法正常生活。后来，人们关于隆之里的第一印象，就是相扑力士欺负新弟子。而如果是横纲级力士的千代富士，也会欺负新弟子。人们对他的责难就更加严重了。

事实上，“欺负”这一概念，包括常人眼中的虐待弱者，在相扑界是有不同定义的。也许在相扑迷或者常人来看，欺负是种残忍而又不可原谅的罪行。但是对相扑力士来说，“欺负”可以增强人的忍耐力，锻炼他的抗压能力。也许常人无法理解，但这却是相扑力士训练过程中极为重要的一环。

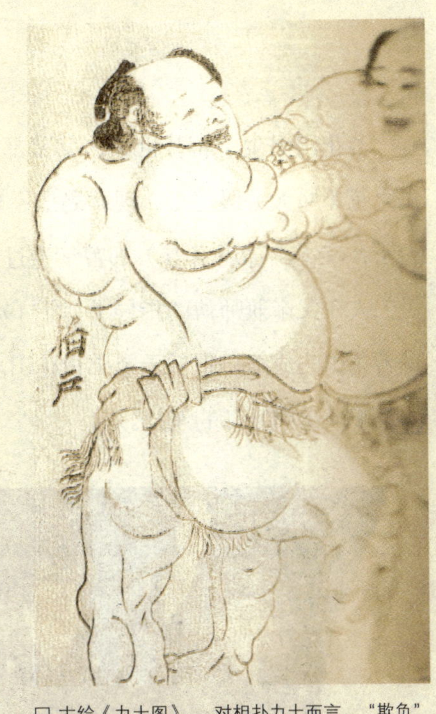

□ 古绘《力士图》　对相扑力士而言，“欺负”可以增强人的忍耐力，锻炼他的抗压能力。或许常人无法理解，但这却是相扑力士训练过程中极为重要的一环。

在那种境地下的千代富士，一直保持着沉默，并没有向九重亲方做出任何说明。

而这一年，千代富士获得了非常优秀的成绩。不仅第1次3连胜，而且1年中获得了4度胜利。自然而然地，千代富士变得比原来更加自信。千代富士经历了使他感慨最深的一段经历。最终，人们对于他的误解因为胜利而慢慢消失，挽回了自己的名誉。

兄弟横纲

若花田出生于相扑世家，父辈都是相扑界的高手。在相扑史上，父亲贵之花（原大关级力士，现藤岛部屋亲方）和叔叔若乃花（第 45 代横纲级力士，二子山部屋亲方）都曾缔造过辉煌的一页。在家庭的作用下，若、贵二人在父亲兼师傅的指导下，于 1988 年进入藤岛部屋开始相扑训练。哥哥若花田的成绩一直低于弟弟贵花田。直到 1998 年获得横纲级力士头衔，才摆脱掉弟弟光环的遮挡。

□ 若花田与贵花田兄弟合影

若花田原名叫做花田胜。出生于昭和 46 年（公元 1971 年）1 月 20 日，东京都中野县人。在昭和 63 年（公元 1988 年）3 月初入土俵。身高 1.8 米，体重 120 千克，属于轻量型相扑力士。在

□ 贵花田　贵花田在父亲的亲手调教之下，第一次出赛就表现得相当优异，并以不到 19 岁的新手之姿，一举打败当年最富盛名的横纲千代富士，迫使他接受不得不退休的命运。也因为此场比赛，贵花田一跃成为众所瞩目的相扑巨星，更因为此场比赛让他更加地被奠定与证实，在未来的数年之中，贵花田一直延续着他的相扑巨星之路。

□ 贵花田的婚礼

成绩不平衡的状态下，逐步地晋升到三役级力士（排在横纲、大关之后，位居第 3 位）。

若花田的父亲曾这样评价若花田:“这孩子遗传了所有的缺点，光司(贵花田）却没有。”父亲苦笑地说着，表情很无奈。若花田在很多方面都像极了父亲，同父亲一样，他无论怎么吃，都不能胖起来。只要吃得稍多一点，就呕吐不止，内脏器官经常出问题。身体的疲劳程度因此增加了许多。另外，他还有关节痛，常常要忍受这种折磨。但是意志坚强的若花田并没有因为身体上的不适而逃离相扑界。他把这种轻量型力士才能体会到的悲哀当做成功路上的磨练，丝毫没有畏惧。

相扑界有一条铁打不动的规则："力士的位置顺序即使相差一位，那么排在后面的也是无名小卒，不能成气候。"十两级别中最低一级的力士的地位与幕下级别中的前头地位是大不一样的。相扑力士一旦成为了关取，就会拥有属于自己的房间，除了可以从亲方那里领到每月51.8万日元左右的薪水，还会专门配有负责衣食住行的侍者。而决定这些待遇的条件都不是年龄、经验。"你会成为强者，只要晋升为十两力士。"这是一个铁的规矩，即使是亲兄弟也不能打破。平成元年(公元1989年)的九州比赛，当时的贵花田只有17岁零2个月。那次比赛，他打破了北湖保持的最年轻少年17岁零11个月的关取纪录，晋升为了十两力士。这一下子把和当时还是幕下第9位力士的若花田的距离拉远了。因为晋升的原因，贵花田也由"光司"改名为"贵关"。对于系着黑色兜裆布的若花田来说，他不仅要称系着白色兜裆布进入土俵的贵花田为"贵关"，还要在训练之后问候贵花田一句："您辛苦了！"这对于若花田来说，是多么大的压力。这之后，两个兄弟在土俵场上只能以竞争对手相称。但是若花田并没有因此而放弃，他承认贵关很了不起，但是他说："我就是我，我会用尽全力取得最好的成绩。"

花田家四口在相扑比赛休赛期间，曾少有地集体外出晚餐。没有记者和后援团，这场聚餐是纯属私人性质的家庭聚餐。在这样的场合，若花田仍然称呼弟弟为"贵关"，保持着相扑场上的一贯作风。藤岛亲方听到之后，一改往日的严肃，温和地对若花田说："还是像原来一样喊弟弟'光司'吧，我们都是一家人，这次吃饭就是家庭聚餐，相扑场的事情暂且忘记吧。"

此时的藤岛亲方，是最理解哥哥若花田处境的人。他清楚，若花田一直被外界流言所困扰，心里很懊恼。此时此刻，他必须以一个父亲的身份，给予儿子最大的关怀。因为相同的情况，也发生在藤岛亲方身上。当时，藤岛亲方的哥哥若乃花跟自己在一个部屋——二所关部屋学习相扑。因为当时还是没出名的贵之花，其他弟子对哥哥的不满就要会发泄到他的身上。贵之花体重不能增加的原因之一，就是因为在二所关部屋附近上学的时候，每次与女同学说话，都会被师兄们殴打。并且逼着不爱喝酒的贵之花喝酒，最终导致身体受到严重的损失而入院治疗。贵之花原本寄希望于自己的哥哥，希望他可以帮忙。但是哥哥若花田却嗤之以鼻，说："我不会管别的，除了他刻苦训练。"这让贵之花很伤心。如今，作为若花田父亲的藤岛亲方，非常不想看到自己的悲剧在儿子身上重演。毕竟，兄弟二人都是花田家的人，流着花田家的血。

若花田也从未表示出对弟弟贵花田的嫉妒之情。为了保护弟弟不被外界舆论所困扰，他经常在公共场合替弟弟说话。他说："光司被言论攻击得很可怜，我一定要保护他！"若花田也一直很努力地训练，叔叔二子山亲方曾评价他说："贵花田与他的父亲很相似，在土俵上有着强大的气势；而若花田则比较像我，在土俵上非常执着，有股韧劲儿。"

在若花田极具幽默感的外表下，是非常天真纯朴的性格。和很多相扑选手一样，他十分喜欢汽车。与职业棒球手不同的是，相扑力士被规定不能单独驾驶汽车。他们就只能雇人开着自己的爱车四处游玩。一般来说，拥有一辆外国汽车，在社会上的地位和身份都是比较高的。即使汽车的外观再华丽，牌子很出名，拥有驾驶执照的力士却非常少。因为力士们留在东京的时间很少，他们经常到各地巡演，根本没有时间考取驾照。但是若花田却不同，他从幕下级力士的时候去驾校，直到公元 1992 年夏季以优秀的成绩考取了驾驶执照。但是藤岛亲方没收了他的驾照，一是出于安全的考量，二是督促他专注于相扑训练。若花田经常坐朋友的汽车出去散心兜风。他家房间的墙上贴满了名车的广告画，角落里还堆满了汽车杂志。为了用奖金去买自己喜欢的汽车，若花田发誓说："我要在 18 岁之前晋升为关取级力士。和我同龄的青年人目前都在上大学，父母为他们支付学费，甚至为他们买车。可是我的梦想必须靠自己的力量来实现。"这也算是若花田为了早日成功而鞭策自己的誓言吧。

过去有一个笑话，是关于土俵下埋着金子的故事。大意是，一个傻弟子听了师兄的话，趁着晚上夜深人静的时候跑到土俵挖金子。因为没有挖到，就跑去质问师兄为何欺骗自己，说土俵上根本没有金子，只有沙子。其实师兄话里的意思是，只有在土俵上日复一日的训练，强大起来，才会有源源不断的金钱。千代富士正是从土俵上得到了金钱、荣誉和地位，为此甚至忍受了数次的脱臼痛苦。对于若花田来说，土俵可以给他的，是汽车修理费。一次，在名古屋比赛休息期间，若花田想去兜风，就向母亲（藤岛部屋的女老板宪子夫人）借了一辆奔驰汽车。如往常一样，若花田的朋友开车，自己则坐在副驾驶位置上。回来的路上，车子因为进车库不慎撞到墙上，奔驰车顿时损失得很严重。因为刮伤的是名牌汽车，所以修理费也要用掉大约 10 万日元。车子损坏虽说是朋友的责任，但毕竟原因在自己，看着眼前撞坏的汽车，若花田决定向母亲坦白。于是若花田就惴惴不安地向母亲讲述了事情的经过。母亲听完后说："既然是你造成的，那修理费就靠你了，加油吧！"母亲说这些话，就是让若花田知道，要想解决问题，只有在土俵上获得胜利。若花田心想，母亲借给自己车，如果再由母亲支付修理费，自己的颜面何在？于是若花田决定，去土俵上寻找修理费，解决自己造成的问题。正是在这次名古屋的比赛中，若花田一鼓作气，以 12

胜3负的成绩晋升为十两力士。用赢来的100万日元的奖金，不仅支付了修理费，还手有盈余。原来自己想要的东西，真的可以从土俵那拿到。当时的若花田十分兴奋，他激动地说："我现在想感受一下宝马的速度，不知道它的性能如何……"

□ 若花田在冬奥会上　公元1998年的长野冬奥会上，若花田作为全日本的骄傲，走在日本代表团的最前面。

渐渐地，若花田已经到了而立之年。在2000年的3月15日他毅然决定宣布引退。这在当时的日本引起了很大的震惊，人们听到他要退役都很惋惜。若花田对媒体说："自从晋升为横纲，我就再也没有赢过一场比赛。我的能量已经枯竭了，状态也越来越差。我决定退出，让更适合它的人坐上这个位子。

作为日本国粹的相扑，它不仅仅属于体育的范畴。人们疯狂而热烈地崇拜着相扑选手。横纲级力士不仅收获了丰厚的金钱，更加赢得了普遍的尊敬。正因为若花田深深地热爱着这项运动，他才决定提前退役。这个举动，让人们对相扑运动的精神力量，理解得更为深刻。

夏威夷三兄弟

昭和44年（公元1969年）5月8日，曙出生于美国夏威夷奥阿夫岛，原名叫做查得·罗恩。曙在昭和63年（公元1988年）初入土俵，因为平成5年（公元1993年）取得了比赛的胜利，晋升为64代横纲级力士。曙在那年明治神宫举行的“横纲推举式”（宣布新一代横纲力士诞生的仪式）上，表演了入土俵仪式。观众们无一不被曙匀称的体型、优雅的入土俵动作所倾倒。曙的出现，揭开了相扑新时代的序幕。

□曙的风姿

曙身高2.04米，体重197千克。大学里最擅长的运动是篮球。后来进入相扑界，体重也随之增加，曙逐渐成为重量型选手。由于曙身材高大，所以看起来并不肥胖。还是中学生的曙，就可以拿起重量是自

□ 曙的祝胜会　曙太郎在日本相扑界13年非常辉煌。

己体重1倍的物体。后来一位前相扑力士发现了他，于是昭和57年（公元1982年），曙第一次来到日本，进入东关部屋学习相扑。曙与其他相扑力士住在同一个房间，很快便开始严格的训练。他每天早上4点起床，每天要训练6个小时。曙的巨大身材给他带来了很多优势，由此而迅速地成名。他参加了无数场比赛，最终成为300年以来日本相扑史上第一位来自外国的横纲级力士。曙在相扑界，素来以头号巨人横纲著称。后来因为腰、腿先后受伤，才不得不引退。

公元1995年，曙在两国国际馆召开了记者招待会。会上，他正式宣布退出相扑界，13年的相扑生涯也因此画上了句点。在招待会上，记者曾问曙印象最深的一幕是什么时候。曙认真地回答，是在公元1988年夏，初次与贵花田对战的时候。曙与若、贵两兄弟同时进入相扑界，在场上也是老对手。曙说："我总是落在若、贵两兄弟后面。为了赢，我就拼命地追赶。

今天我能有这样的水平，正是因为有了他们两个兄弟。”而作为对手的贵花田，也清晰地记得两人初次交锋的情景。他说：“我非常感谢曙；没有曙，也没有我的今天。”

□ 曙晋升为横纲时候的场景　在日本，相扑手按比赛成绩分为十个等级：序之口、序二段、三段、幕下、十两、前头、小结、开齐、大关、横纲。横纲是最高级别的等级，而且是终身制。曙太郎就有幸成为首位外国人大相扑横纲。

曙退役之后，就去了美国佛罗里达，参加减肥课程训练。他希望在40岁生日之前减掉100千克。曙每天早上起来都先在标准泳池内游泳，然后慢走1公里。吃完午饭，睡完午觉后，接着再去健身房锻炼2小时。每天摄入的食物热量也在减少。辛苦没有白费，经过大概半年的努力，体重终于减去了45千克。曙十分地感慨，他说：“我觉得健康是生命中最重要的。目前，减肥是我最艰巨的任务。我会像所有瘦削的男子一样，每天走路，跑步，我发誓我要瘦下来！”

曙已深刻地体会到，名誉、金钱，都没有健康来得重要。看来，对每位退役相扑力士来说，减肥已经成为展开新生活所面临的第一个严峻问题了。

武藏丸，也叫武藏丸光洋。是继曙之后第二位出生于国外的相扑力士，也是日本第67代横纲级力士。武藏丸1971年5月2号生于美国夏威夷，父亲是德国人，母亲是葡萄牙人。

家中有8个兄弟姐妹，他排行第4，武藏丸原名菲亚麻尔·佩尼塔尼。

武藏丸家境并不富裕，所以高中毕业就没有继续读大学。高中生的武藏丸，就显露出了对体育的热爱。他尤其擅长足球，在校期间曾赢得过州冠军。为了让家人生活得更加快乐和幸福，武藏丸于是离开夏威夷，只身一人前往陌生的日本。

平成元年（公元 1989 年），当时的武藏丸年仅 18 岁。他加入了武藏川部屋，由此开始了相扑生涯。起初他并不适应部屋的严格规定，因为他不熟悉日本习俗，而且语言又不通。为了排除身在异乡的孤独和寂寞，武藏丸唯一可以做的就是训练时耗尽体力，回来后倒头大睡。

□ 武藏丸　武藏丸是日本相扑史上第 67 位横纲。他眉毛粗，眼大，特别像日本明治维新时期的伟大历史人物西乡隆盛。有一次，武藏丸去上野公园时，看到西乡隆盛的铜像时，还傻乎乎地自言自语“这个人有点像我”。

接受了一段时间训练的武藏丸，终于有了证明自己可以成为一名出色相扑力士的机会。从平成元年（公元 1989 年）秋第一次参赛到平成 3 年（公元 1991 年）11 月的九州赛，武藏丸由一名普通力士晋升为幕内力士。武藏丸在平成 6 年（公元 1994 年）1 月举行的比赛中获得了大关级力士的称号，还差一步就是横纲级头衔。可是，日本相扑会有这样一个规定：只有拥有大关级力士的头衔，同时连续赢得两场比赛，或者日本相扑协会认可的相同表现，才可以晋升为横纲级力士。可武藏丸却从未连续两次赢得比

赛的胜利。

武藏川亲方（原横纲级力士三重乃海）分析，武藏丸没有晋升的原因：

一、他本人的性格原因。一遇到压力，就容易变得抑郁。

二、体重过重。10年前刚进入部屋的武藏丸，身高1.9米，体重147千克。因为饮食太没有节制，10年过去之后，体重竟然达到了惊人的223千克。在私人医生的指导和建议下，武藏丸开始严格控制饮食，并且不再饮酒。在努力了一段时间之后，体重终于恢复到210千克的理想标准。在1999年3月和5月连续两场的比赛，武藏丸都赢得了胜利。最后，他终于晋升为横纲级力士。

武藏丸的晋升在日本相扑界产生了很大的争议。有些人指责武藏丸不具备日本横纲的气质，比赛姿势不好看。但也有人认为，作为外国人的武藏丸，在乎的是内容和结果。不像日本人那样重视形式，自然也不会重视

□ 武藏丸的祝胜会　武藏丸公元1994年取得大关头衔，他在同年举行的名古屋比赛中，赢得了作为幕内力士的第一个冠军。他曾在日本大相扑比赛中12次获得冠军，在外国出身的力士中是最多的。

一些相扑形式上的花架子。媒体看上去也不愿放过武藏丸。面对记者的追问，不爱说话的武藏丸在回答问题时只用简单的日语，不想回答的时候就保持沉默。武藏丸本质上是个害羞、沉默的人，他并不高傲。只是日语并不流利，所以不爱发表意见也不奇怪。即使是最狂热的相扑迷们，也会心存善意地认为，武藏丸并不擅长讲一口流利的日语。

最初刚到日本的武藏丸，初入部屋时什么话都不说，只是每天都给武藏川亲方打扫房间。后来被亲方看到，觉得他很吃苦，这才同意收为徒弟。

武藏丸是个很孝顺的人，还是低级相扑力士的他，就把微薄的津贴寄回家。现在已是横纲的武藏丸，照例每月寄给妈妈 100 万日元。日本人一直秉持着“日本的国粹应该属于日本人”的信念，所以看到武藏丸加入了日本国籍，也得到了些许安慰。当武藏丸回忆自己晋升为横纲级力士时的感受，记者问：“得奖激动得要流泪了吧？”他只是简单地说：“没有流泪，只是觉得太累了。”可武藏川亲方却因为太激动，说话的声音都发抖了。这个时候，武藏丸向亲方深深地鞠了一躬，以表示对他辛勤栽培

□ “小锦旋风”　公元 1984 年，小锦在日本相扑界刮起一阵旋风。

的感谢。在这10年里的所有比赛中，从初入部屋到晋升横纲级力士，他胜利的次数超过了失败的总数。他也没有缺席过任何一场比赛。武藏丸之所以能够取胜，也许正因为他强壮健康的身体和持久的稳定感吧。

后来，武藏丸、曙、小锦这三位来自海外的相扑选手就被人们合称为"夏威夷三兄弟"。2002年11月，武藏丸因为接受左手腕韧带移植手术，膝盖又负伤，连续6次缺席比赛。公元2003年11月，本打算借着九州比赛重振辉煌的武藏丸，最终没有如愿以偿。无奈之下，只好决定引退。武藏丸退役之后，只剩下蒙古国出生的朝青龙一人是现役横纲。

附件 13 力士之妻

公元 1981 年在九州比赛取得优胜的庆功会上，师父九重亲方对千代富士说："哎，看见那个美人了吧，难道你不喜欢？"这个美人之后成了千代富士的妻子，她就是近藤久美子。久美子就读于九州产业大学艺术学部，中途退学做起了职业服装模特，可以说千代富士对久美子是一见钟情。久美子是名门出身的千金小姐，近藤家在明治初期是旧福冈藩出身的国家主义者，其伯父近藤一马是当时的福冈市市长。千代富士当年 26 岁，同年 7 月在名古屋比赛时晋升为第 58 代横纲级力士，在人生的辉煌时刻，他和久美子结成连理。

大关朝潮经人介绍认识了现在的夫人——芋绳惠。芋绳惠的父亲是关西一家大型超市的经营者，惠小姐从大阪市市立大学生活科学部儿童学科毕业后，在大阪的富士通商社工作，成为一名职业女性。有一次，惠小姐参加了电视台举办的一次以相扑为主题的直播节目。当主持人问来宾中有没有朝潮的相扑迷时，惠小姐举起了手，这一幕恰巧被朝潮和朋友们在电视上看到，非常偶然的是朋友中有一位竟与

□ 颁奖中的千代富士夫妇　公元 1989 年 7 月，千代富士痛失三女后带着念珠入场，在与师弟横纲北胜海的决战中取胜，12 胜 3 败，取得了从场所前的憔悴样子来看无法想象的奇迹般优胜。图为海部首相为千代富士夫妇颁奖。

惠小姐是好友。就这样，经这位朋友牵线，朝潮和惠小姐走到了一起。两人结婚时朝潮30岁，惠小姐23岁，在当时算是晚婚了。也许因为爱情的滋润，当时为大关级别的朝潮到公元1989年3月引退时，在位38场始终保持住了自己的级别。引退两年后，即公元1991年3月，作为若松部屋的亲方，朝潮开始了自己训练培养相扑力士的事业。惠夫人也在教育自己孩子的同时当起了拥有十多人的若松部屋的女老板。

鸣户亲方（原横纲级力士隆之里）的夫人典子，曾是日本航空公司的空姐。尾车亲方（原大关琴风）的夫人史枝也曾是瑞士航空公司的空姐。峰崎亲方（原前头三杉矶）的夫人妇记子毕业于日本女子大学，就学期间作为“相扑研究会”的成员，在出入国技馆期间与三杉矶相识、相恋，直到结婚。有趣的是妇记子的毕业论文是以“从相扑界看到的美景”为题的，婚后她还以“力士之妻”为题专门写了一些散文陆续投寄到《日本经济新闻》报纸上发表。

还有一些力士的婚姻与结婚之路并不像人们想象的那么幸福与浪漫。雾岛就是一例：平成4年（公元1992年）在九州比赛时因为伤痛的原因，雾岛从大关跌落到了关胁。雾岛与夫人菜穗子相识于身为幕下级力士时。菜穗子比雾岛大2岁，在东京的一家宝石店工作。因母亲重病，她不得不回到故乡鹿儿岛去继承母亲经营的小料理店。有一天，雾岛突然出现在菜穗子面前，看到体重减少到90千克的雾岛，她不禁泪流满面，辍泣道：“为什么瘦成这样！可怜的相扑君！’因当时作为幕下级力士的雾岛是没有薪水的，稍微年长的菜穗子出于母性的本能一直接济着雾岛的生活，直到雾岛晋升为十两力士后，才与菜穗子一起生活。菜穗子曾对前途无量的雾岛说：“我只不过是平常人家的女儿，你应该与一位条件更好的小姐结婚……”“胡说什么！要是与你分开，我就去剪发！”雾岛气冲冲地回答道。“剪发”

在相扑界称为“断发”，意味着从相扑界引退，不再入土俵一步，这对力士来说无疑如同是“生命的结束”。

在菜穗子的精心照料下，雾岛的体重逐渐增加，摆脱了怎么也胖不起来的烦恼，终于晋升为大关级力士。

原横纲级力士旭富士（现旭富士亲方）因喜欢上春日山亲方（原前头大关之后退休）的侄女久子，最终娶其为妻。在昭和63年（公元1988年）1月，他多次挑战横纲级力士而未果，直到平成2年（公元1990年）7月终于晋升为横纲级力士。朝潮、雾岛、旭富士等力士们一次次地超越自我，成为土俵场上的英雄，是不是意味着婚姻是带来成功的催化剂？

力士们的婚姻形式各种各样。其中之一就是力士与相扑部屋亲方的女儿成婚。亲方们多在自己的弟子中挑选有前途的力士作为女儿的夫婿，其另一目的也是为了让他将来成为部屋的继承人，这是自古流传下来的做法。像出羽海亲方（原横纲级力士佐田山）、立浪亲方（原关胁羽黑山）就是这样的例子。一旦成为师父爱女的丈夫，也就意味着是部屋将来的继承人了。

附件14 排队领奖

相扑运动是深受日本民众喜爱的一种体育运动，其影响力与京剧在中国的情况类似。比赛的优胜者享有极高的荣誉，尤其表现在决赛后举行的气氛热烈的颁奖仪式上。虽然该仪式仅为冠军颁奖，但由于冠军不仅要领受冠军奖杯，还要领取日本政府、社会团体和一些国家使领馆颁发的多达数十种的奖品和奖杯，所以要有多名助手协助领奖，从而出现“排队领奖”的独特景观。

获奖优胜者的助手们（也都是一些相扑力士）排着队在台边等候，抬到台上的各式奖品、奖杯由获奖力士接过来一一传送给台下的助手们，再由助手们依次运走。可能由于相扑运动员都是些名副其实的大力士的缘故，奖杯与其他运动的奖杯也不相同，都被相应制作成“特大号”的“大和重”；这又大又重的巨型奖杯，给颁奖者出了一个不大不小的难题——巨大的奖杯不得不抬到台上来，然而这对这些大力士来说却是小菜一碟。

所以，当优胜者表情轻松地接过和举起这些被颁奖者们吃力抬过来的巨型奖杯时，使领奖过程好像也演变成了一场展示运动员力量的即兴表演。

第六章
怒放

東之方
劔山
鏡岩
猪名川
関の戸
要石
常山
桂野
浪渡
武蔵野
達ヶ関
年寄雷
香蝶楼豊国画
東都芝神明前
有田屋清右衛門板

□ 相扑锦绘之力士观战图

第六章

怒放

相扑备受人们喜爱，有两方面原因。一方面，因为别的体育比赛速度快、技巧复杂，一般人很难窥破其中门道，而相扑亲切、易懂、易模仿。人们观看相扑时，能够达到忘我境界，全身心地投入那种身体冲撞，同相扑手产生比力竞技的共鸣，进而体验角力刺激。看完相扑就像充了电，一天的紧张和疲劳都不见了。更重要的方面是，因为相扑手们进行长期的严格训练，厚积薄发的品质，体现了日本的一种民族性格，正如樱花追求短暂的盛放，随之潇洒飘落的品格。这是松下对年轻人的嘱托：要坚守那种认真的态度来面对人生和事业。

□ 古绘《观看相扑的人们》

武士之道

日本武学统称为“武道”。日本人崇尚武道，他们普遍认为“治世文为重，乱世武为先”，武是定国安邦的必要条件。日本国风尚武，二战中，日本军国主义使全世界人民领教了大和民族这种国风的浓厚，也给邻国及世界人民带来战争噩梦。日本人的尚武精神不仅仅是大战前军部独裁的产物，还有多方面的原因，如历史传统、社会条件等。

日本武道种类繁多。其中流传最广、影响最大的有8种。它们分别是——相扑、弓道、剑道、柔道、居合道、合气道、空手道、古武术（由中国流传过去），总称为“武道八门”。日本人最喜欢的就是相扑，把其誉为国技。相扑的产生、演变及发展是与日本人的尚武精神一脉相承的。相扑现在已经演变为一种体育项目。

日本绳纹文化时代，从公元前1万年到公元3世纪，即使用绳纹式陶器的新石器时代。当时人们主要以狩猎、捕捞为生，住着竖穴式的房子，不会耕种和畜牧。狩猎民族和骑马民族向来以骁勇善战著称，组织纪律性强，这种品质对日本人的尚武精神影响深远。原始人在狩猎过程中，逐渐练就强健的体魄、勇猛果敢的意志。他们饱食后以一些娱乐打发时间，原始歌

舞随之产生。他们模仿斗兽，比谁先摔倒对手，成为日后比力、角力的雏形。世界各地早先都有这种简单有趣的娱乐方式，日本先民的特点决定他们更加热爱这种比力活动。

□ 浮世绘《武士图》　图为江户浮世绘大师笔下的武士拉弓射箭的模样。

日本尚武，还有地理、气候条件等因素。日本地处亚洲最东边，由4个大岛和众多小岛相连呈弧状，与大陆隔海遥望，孤处于太平洋之中。日本海、太平洋都成了日本对外交通的阻碍。日本列岛位于太平洋板块、亚欧板块交界处，频发的火山和地震危及着人们的安全。日本列岛属海洋性季风气候，降水较多、水产资源充足，成为日本人日常生活的财富。但每当台风来袭，人们又会蒙受巨大损失。日本列岛3/4是山地，不具有黄河、恒河、尼罗河及两河流域优越的自然条件，平原湖泊很少。因此日本文明发展较迟。日本还是全世界降雨降雪量最大的地区之一。岛国的特征使日本具有双重民族性格：一方面，四周环海造成大和民族性格内向，对外来事物有着本

能的排斥，使得日本长期处于封闭状态，很难与其他民族交流融合；另一方面，远离大陆的孤立岛国，在心理上难免会有不安全感，于是更加剧了尚武之气，产生了富国强兵的念头。富国，与对外文化交流密不可分。日本受中国影响，完成了封建化的历程，之后受西方文化的影响，逐渐步入资本主义强国的行列。总之，日本的发展，很大程度上得益于吸收和借鉴其他民族的先进文化和先进科技。

强兵，须从最基本的习武健体做起。当时社会，简单有效的体力、格斗训练方式之一就是相扑（古时称角力）。相扑不仅有助于增强士兵体质，还提高了军队战斗力。相扑双方彼此斗勇、斗力、斗智以制服对手。对强壮好战的武士们而言，这是一个有趣而且刺激的运动。士兵们常以此为乐，逐渐形成一种练武与娱乐相结合的训练方式。相扑在武士时期已经正式成为军中必修科目，武士的生活中更是无法缺少它了。

日本在公元 7 世纪进入到封建社会。平安王朝时期（公元 794 年～公元 1192 年），处于日本封建制上升时期。这个时期，地主庄园经济发展起来，农民和庄园主之间的阶级矛盾激化。公元 9 世纪中叶，庄园主们组织庄丁习武，训练他们射箭和骑马的技能。就这样，庄园主们训练出一批私人武装集团，镇压农民反抗、保卫庄园土地和向外扩充势力。其成员当时称“兵”或“武士”，也有因他们效忠主人而被称为“侍”。兵、武士或侍，就是日本武士阶级的起源。

武士的道德规范，即是武士道。武士道早先还有“兵之道”、“携弓箭者之道” 等称法。日本平安后期，故事传说集《今昔物语》中讲述了这样一个故事：

古代有个日本国郡守的侍卫因一件小事惹怒了他的主人，于是乘坐小船逃到了新罗（今朝鲜）的金海，恰逢金海有大虫危机，当地人都非常害怕，

竟然无一人敢冒险去除掉它，武士听说便自告奋勇去为民除害。武士对金海郡守说："你们这儿的人，想的只是如何保住自家性命而非杀敌，故而不能够与大虫对抗。我们日本人的观念则是舍身对敌，这正是我国'兵之道'所倡导的一种精神。习武带箭的人，怎么能如此胆小地怜惜自己的生命呢？"于是，他置生死于度外，只身闯虎穴，巧妙地引出大虫，将其射杀，为当地百姓扫除一害。这件事在金海引起轰动，武士受到英雄般的礼遇，全郡上下一起庆祝，狂欢数日。人们都夸赞日本人的"兵之道"厉害，还说日本真是个了不起的国家！

"兵之道"，不仅仅指武艺高强，还指那种无所畏惧、将生死置之度外的精神，这也许正是后来武士道精神的早期表现。

日本另一部故事集《夜会记》中也有一个故事：

□ 日本源平大战时期的铠甲　这是日本藤原时代的一件具有代表性的铠甲。

平安时期有个惯偷，名叫松本。天气转凉，他想偷些御寒的衣物。在一个冷风习习、月光皎洁的晚上，他一个人四处闲逛，忽然看见前面有个衣着整齐、吹箫独行的人，真是“踏破铁鞋无觅处，得来全不费功夫”，于是松本就尾随其后，打算见机行事。松本跟了四五条街，那人依旧吹萧前行，似乎毫无察觉。他几次想下手，但那人边吹萧边驻足赏月，无法接近。于是他又跟了几条街，那人仍然神闲气定，自得其乐。松本不耐烦了，拔剑突然刺向前方，那人萧声突止，回身喝问松本在做什么。松本吓得一身冷汗，老老实实交代了姓名和事情原委。那人让松本跟他走，又同刚才一样吹萧前行，松本只好乖乖地跟着他。此人就是平安时期的著名武将——源赖光，他把松本领到家中，赠以白银，还说需要什么东西尽管向他开口，只是不要再做坏事。松本羞愧难当。

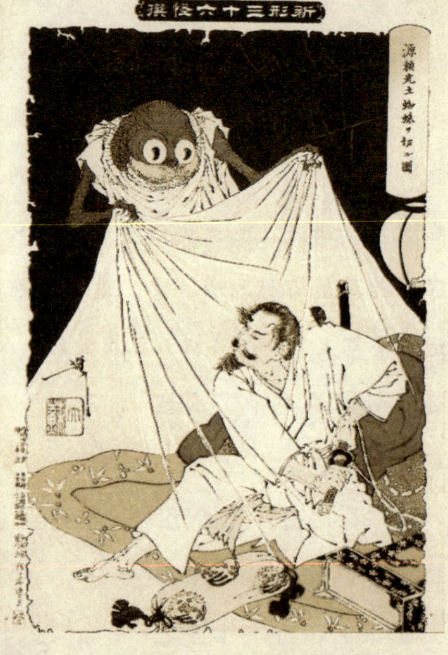

□ 土蜘蛛被源赖光斩于剑下

源赖光的故事表明，当时的“武士道”已经具有了较强的道德意味。源赖光从此被视为武士的典范，为后世人所敬仰。关于源赖光武士美德的故事还有很多，其中一个故事——源赖光射狐流传最广：

源赖光曾在宫中作侍卫，教皇太子习武。一天太子在御花园忽然看到一只雪白的狐狸，立即命令源赖光射杀，源赖光先是谦虚推辞，说担心自己箭法搁置已久，无法射中。太子执意要他射，源赖光这才利箭上弦，一触即发，说时迟那时快，利箭已从白狐胸腔穿过，白狐应声倒地。太子非

常高兴，重赏了源赖光。源赖光却谦虚地说，不是他箭术高超，全靠众神保佑。他对自己手下也这么说。源赖光从不因为得到任何厚赏而居功自傲，这表现了他谦逊的美德。

上面3个故事中的杀虎武士、源赖光，都已经具有精湛的射术、高超的武艺、临危不惧和生死置之度外的气魄以及宽以待人、和善谦虚的美德。这3个故事表明：武士道的规范于日本平安朝后已初步形成。

公元10世纪以后，武士势力迅速崛起。逐渐形成了两个最大的武士集团：平氏和源氏。为争夺中央政权，平氏和源氏争战不休。平氏先夺得政权，后来又被源氏推翻。公元1192年，源氏在关东镰仓建立封建军事统治机构

□ 古绘《右大将赖朝共相扑御览图》　进入公元12世纪后，相扑在武士之间成为锻炼身体和培养战斗技能的必修科目。镰仓幕府编撰的正史《吾妻镜》中，记载了很多大将军赖朝观赏相扑的记事。特别在鹤冈八幡宫的祭礼中，记载了很多将军参加祭礼，观赏赛马和相扑的史实。

“幕府”，史称镰仓幕府。镰仓幕府时期（公元 1192 年 ~ 公元 1333 年），武士成为日本社会的统治阶层，武士发展到鼎盛时期，武士道的内容更加丰富了。为得到武士拥护，在开创幕府的战斗中，源赖朝将军宣布，效忠自己的武士为“御家人”，建立御家人制度。“御家人”的经济利益受到保护，立战功者还能获赏大量封地。以共同利益为基础，将军与武士结成了同盟军。将军给予武士恩赐，保护其既得利益，对其“守信”；武士则在经济和军事上对将军“尽忠”。这种“忠信”关系推广到整个武士阶层，在其内部形成了相依共存的内在联系。北条氏掌握幕府大权时，制定了日本最早的武家法制。武家法制，确立了以武士道为中心的法规，把武士的身份、义务、权利正式写入成文法；并强调“仆忠主、子孝父、妻从夫”的道德原则，从而在法律形式上将“武士道精神”确立下来。实际上，武士道是提倡“服从”、“隶属”和“献身”的道德。

□ 古绘《右大将赖朝共相扑御览图》之三

武士道包括：武士要遵守的道德和必修的武艺。武士遵守的封建道德，是指忠诚、节义、廉耻、勇武和坚韧等等。武士修习的武艺，主要为骑射（以笠悬、流镝马和犬追物等马上三物为代表）、马术、步射、剑术和武家相扑等等。幕府统治时期，相扑与马术、箭术、剑术被武士们视为四大搏击技能。整个镰仓幕府和室町幕府时代，相扑主要用于实战和供幕府将军消遣，

处于时断时续地向前发展状态。公元16世纪后期，美国入侵日本。一批相扑武士被召集起来向侵略者展示日本人的强壮与力量。他们聚集到横滨港，扛起沉重的米袋比赛，抛扔，向陌生来客示威。这种情景令人想起中国的义和团，同样在洋人面前显示过高强武艺。但是，欧洲的先进武器使肉搏相形见绌，大阪、名古屋和江户（东京的旧称）等城市积极扩充实力，试图与美国大炮相抗衡。相扑力士们在疆场一展身手的机会少之又少。力士们当然无法抵挡西方的坚船利炮，但是与武士道精神相结合的相扑，于危困之时，大大振奋了大和民族精神，因而备受统治者重视。

德川太平时期，为给宗教机构筹款，幕府统治者常在神庙与寺院举办相扑比赛。此后，相扑自然而然地走上了义赛的发展道路，即“劝进相扑”。倘若没有劝进相扑，那么相扑不知何时才能普及。正是有了劝进相扑，相扑才真正成为一项大众运动，而不再只是专属于帝王、武士们的消闲之物了；同时，也正是劝进相扑，造就了一批相扑界的明星人物。

镰仓后期以来，武士道日渐与禅结合。这使武士道精神更加深层化了。禅，由梵文“Dhyana”音译而来，意为“静虑”、“思维修”、“弃恶”、“功德丛林”等等。正所谓心驻一境，正审思虑，禅是高级宗教精神的体现。“静坐默念”就是坐禅。禅宗认为：真理超越了语言、文字的表达范畴，坐禅、修道可以帮助我们体会、把握真理。禅宗的哲学观念和修养方法，对武士的精神陶冶、武技锻炼等非常有利。禅在道德上鼓励清苦修行，促使武士练就钢铁意志，武士一旦下定决心清修，就必须抛弃物欲和情根，不可退却。禅在哲学上使武士们悟到生死同一。武士道的核心是“忠、孝、仁、义”，即终生捍卫作为一名武士的尊严。要做到这点，首先要清戒苦修，觉悟到“死为长驻”，其次要能在关键时刻毅然献出生命，视死如归。武家相扑，作为武士道要素之一，也深受禅的影响。禅的修业特点是：单纯、

直接、自持克己。这种戒律式的倾向，在相扑的训练法中表现明显。武士们在练习相扑时，得遵守严格的纪律，住在专门的“相扑部屋”（相扑训练所）中，每天训练、进食、静坐。他们不能随便外出，必须禁酒、禁色欲等。禅又被引入武士的武技中，如剑法中的阴阳流等，影响广泛涉及剑法、刀法、枪法及诸般武艺。

切腹行为也是日本武士道。日本人认为，切腹是武士道理论的具体实践，是武士精神的最高形式。切腹的动机大致有：对主人报恩而殉死，切腹谏主，自责而自杀，或因罪被处等多种。

武士道是日本历史上一种重要的文化现象。很长一段时间，武士道就是日本国民精神的主要素。江户幕府时期，武士道与文化教育并举，剑、枪、弓、柔、炮等六术为武士必修武艺。六术中的柔术，主要是指当时广受欢迎的武家相扑术。武士七艺则是六术再加上兵法。

公元 17 世纪末，德川幕府的封建统治日益腐朽。这引起了中下级武士的极大不满，简直恨主如敌。一些下级武士和农民一道起义反抗，有些落草山林，武士道日趋衰落。德川家康执政前期，大批武士和相扑力士沦为无业浪人，或角逐地方霸主，或表演相扑娱乐民众，或举行义赛集资建庙。但是，浪人的街头相扑往往会酿成暴力事件，他们会大打出手，哪怕是为很少的赌注。公元 1648 年，当局最

□《柳生剑法图》　在日本，柳生一族的剑术尤为了得。柳生新阴流剑术秘籍为柳生舟斋宗严所撰的《新阴流目录书》，现藏于宝山寺。图为其剑法秘要。

终在江户取缔了相扑。但在娱乐区内，私人相扑比赛仍在继续，直到公元1661年才终被禁绝。

□ 相扑对决

公元1684年，在相扑发展史上是很重要的一年。这一年，五十土权大佑（失业武士）向当局递了一份请愿书（包括比赛规程和某些防暴措施）。在其坚决请求下，当局准许可以在神庙空场上进行相扑表演。但武士们不能像从前那样——由围观者和其他力士筑成人墙（“人俵”），而必须用稻草围堆赛场。后来又发展成“土俵”——填以干草或稻谷包垒成，身体先触包的选手为负者。五十土把相扑的取胜之道归纳为：合乎规则的“四十八式”，分摔、绊、按、拧四种基本大法，每种大法含十二种变化。当局为防止流血事件和实施新规则，封权大佑为“元老”，负责联系相扑界和官府。但每次大召仍需征得恩准，只是对义赛解除了禁令。

很快，相扑朝着职业化的方向发展。在京都、大阪等流行相扑的城市，印制的节目单开始出现；职业性义赛队周游全国，与各地方队一较雌雄；在地方队之间，每逢节日也一争高下。日本民间盛传：大丰收会降临胜队所在地。而后，相扑竞技队渐渐被划为：东部队和西部队。由于队员频繁更换，每次赛前都不得不向观众介绍队员，“相扑入场式”便由此而来。经历了一段正常发展期后，相扑队正式成为职业队，由同一经纪人受理。许多当今闻名的职业队，在当时已经打下良好基础。当时，名列前茅的是京都、大阪、江户的职业队。公元18世纪50年代末起，江户队进入全盛时期。

全国的相扑力士，都梦想进入江户队，使自己的技艺臻于完善并获同行赏识。

公元1868年，日本明治维新运动爆发。维新废除了武士等级制度，使幕府将军和地方豪族失势，无力再赞助相扑比赛；同时，随着西化进程日益推进，日本人逐渐接受西方思想，认为相扑力士的穿着不够文明体面，应予以废除。许多人立即纷纷响应。但相扑界"元老"强烈抵抗这一主张，老百姓也不答应。明治天皇帝高瞻远瞩，认为相扑这一古老的运动蕴藏着强大的民族亲和力，绝不能丢弃。明治39年（公元1906年）3月，帝国议会发表文书，正式把相扑定为日本国技，对日本人的精神有着强大的凝聚力。

明治维新后，日本民族本来的尚武性格发作，试图扩大版图。公元1894年，日本发动甲午战争，尚武的民族性格被军国主义政策表达到极致。武士道在这种社会背景下又复兴起来。明治32年到45年，关于武士道的重要专著就出版了50种之多。剑道、相扑和柔道，也被列为学校体育课的教学内容。明治维新后，从形式上废除了武士阶级，实质上却复兴了武士道。自此完成了两个转变：由原来的主仆关系转变为君臣关系，由武士阶级的武士道转变为全民的武士道。

第一次世界大战后，日本经济危机爆发，工人运动高涨。统治者为了摆脱困境，转移人民斗争矛头，对内实行法西斯专政，对外进行军事扩张。武士道进一步发展为军人的信条、对外侵略的精神武器。公元1937年，日本发动侵华战争。日本侵略者将武士道与法西斯主义相结合，对中国和亚洲人民犯下了滔天罪行。公元1941年12月7日，日本发动太平洋战争。其间，日本军国主义者进一步向国民和军队灌输武士道精神。公元1935年，日本天皇下令，学校男青年必须进行军事训练，军国主义走进校园。当时，体育课称为"体练课"，剑道、相扑和柔道也是其中的训练科目。日本军队中，

不论军衔高低，几乎每个军士都有自己不变的相扑对手，相扑比赛中人人平等，相互尊重。一个士兵的相扑级别可能远远高于他的长官对手，而一个军宫的相扑对手也可能会是一个普通士兵。

在二战的中途岛海战中，一艘日本航空母舰被美国舰艇的鱼雷击中，沉没在即。舰长决定自己与舰共存亡，他命令全体士兵弃舰逃生，其他人纷纷劝他弃舰逃生，舰长心意已决。此时，一名普通水兵上前对舰长说："如果您不想死去，还是我的手下败将，我们马上再比试一场，如果你胜了，就和舰共存亡；输了，就服从我！"原来这个水兵是舰长的相扑对手。他们两人经常切磋技艺，舰长基本都是败绩，因此非常尊重和佩服对手。两人在摇摇欲坠的航母甲板上，进行了一场生死攸关的比赛。在众多士兵的呐喊声中，舰长最终还是失败了，于是他便服从了对手，和大家一起看着战舰一点点沉入水底。公元 1944 年，为挽回失败命运，日本军部利用武士道作为精神武器，妄想"神风"助大和民族转败为胜。公元 1274 年和公元 1281 年，元朝军队两次进攻日本，因遭遇台风均告失败，当时的统治者认为"神风"挽救了日本。法西斯分子对此大做文章，期盼重演700年前的奇迹。军部组织"神风特别攻击队"， 不少十七八岁的青少年也包括在内，他们被怂恿驾机冲撞敌舰，制造了一种极端残忍的自杀战术，这些无知少年就这样在"肉弹战术"中白白牺牲。

第二次世界大战后，日本军国主义灭亡，武士道也随之消退。但是，作为一种文化现象，武士道不可能在短期内消失殆尽，日本人的生活仍潜移默化地受其影响。现在，每当提起镰仓和江户时代的辉煌历史，日本青少年对武士的虔敬和向往之情仍然溢于言表。这种尚武心理被进一步扩大，凡与"武"和"武士道"有关联的观念都受到高度评价。时至今日，每年的端午节，有男丁的父母就会在家里摆上木偶、甲胄、刀等，祈祷儿子健

□ 相扑手们身穿传统服饰

康长大，期望他成为勇敢刚毅的武士。今天再做武士当然已无可能，父母其实是希望孩子拥有强健的体魄和坚强的意志，成为一个顶天立地的男子汉。故而，日本家长们时常鼓励孩子积极参加相扑、柔道等体育项目。相扑发展成为日本的国技，柔道已成为奥运会正式比赛项目之一。

最初，相扑不是日本独有的，中国、朝鲜、埃及、巴比伦等国都曾有过。相扑据考证原起源于中国，起初用于练兵，后发展为娱乐，历经先秦、汉、唐，深受皇室、贵族喜爱。至宋代，中国民间已拥有广大的相扑市场，相扑已是普通百姓的休闲娱乐活动。清代中期，相扑逐渐在中国消失。唯有日本，不但将相扑发扬光大，还将其立为国技，这是一个极有趣的文化现象。究其原因，相扑在日本的传承和发扬历程中，尚武精神和武士道的功劳最大。最初，相扑在日本只是用于军训、祭祀和宫廷娱乐，后来又发展为童相扑、节会相扑，但这一时期的相扑表演者和观赏者，仍旧范围较小。而相扑成为武士道的组成部分、武士的训练科目，是武士时期的事了。在武家相扑的推动下，相扑的社会角色日趋多样，逐渐成为艺人、没落武士的谋生方式，职业相扑由此产生。公元 17 世纪江户时代，相扑受到普通民众的广泛热爱，开始作为一种大众娱乐形式，相扑进入发展的鼎盛期。这一时期，相扑力士等级制度形成并被人们接受。名相扑力士不仅受到社会的礼遇和尊重，

还能得到封建领主的资助。

明治维新后，相扑也经历了一场时代变革。相扑逐渐成为了一种大众体育运动，相扑大师们为保持其组织结构、审美观念做出过很大努力。现在的日本，职业相扑与业余相扑并存。职业相扑由日本职业相扑协会组织领导，每年主办 6 次锦标赛，每次比赛历时 15 天，电视现场直播每场比赛。

日本民族固有的尚武性格，使相扑与日本人结下不解之缘。而武士道与相扑的关系则可以概括为：相伴相生，相儒以沫，荣辱与共。武士道丰富、完善了相扑的内容，并不断为它注入新的时代精神。武士道拓宽、规范了相扑的市场，使它走出幽闭的宫府，深入民心，趋向职业化。相扑在武士道精神的浸染下，既神圣，又具亲和力；既是强健体魄的军事训练，又是深受学生偏爱的体育活动；既蕴含着职业相扑力士的宗教膜拜，又传播着民众喜闻乐道的体坛趣闻。

相扑是日本的国技和日本人的骄傲。相扑要步柔道后尘，走进奥运会。日本人希望全世界人民都能接受相扑，喜爱相扑。

□ 在仪式性相扑比赛中，相扑手一一通过观众席

敬仰神明

相扑与拳击相似，是一种紧张激烈的运动；相扑不只是纯粹的运动，还蕴涵着日本封建社会传统，因此，它又与拳击不同。所以，我们不能把相扑简单地理解为体力与意志力的较量，它有更深层的意义：相扑象征着日本传统文化，是一种至死不渝的热情，一种民族爱好。

相扑比赛必须遵守一定礼仪，这与日本的神道教有一定关联。神道教是大和民族最为普遍和久远的一种特殊之道。传统的民间信仰是神道教的基础。神道教广泛吸收儒家思想、佛教思想等，并使之理论化、系统化。神道教以尊崇“天照大神”为中心，是日本人信奉的道德、情操和礼仪，是指导他们思考和行动的生活哲学。以神明信仰为基础，人们创造了咒、魔法、占卜、礼拜、礼仪等多种与神交涉的手段。

相扑据考证是起源于古代的防洪围垦、水田作业。夯实加固堤坝的动作演变成以脚底板砸赛台。运送沙袋的动作则演变为相扑力士之间的按、推、顶、挤。劳动之余，人们常以摔跤娱乐休息。这种民间的自发性娱乐后来不知为何与祭神活动产生了关联。实际上，日本神道仪式完全规范着相扑比赛。神道大致分为三类：神社神道、教派神道、民俗神道。从古神道至今，神社神道一直是日本社会的主流，重视祭祀祖先神、天地神祇。神社神道

□《金刚般若经》画卷　东京大东急记念文库所收藏的《金刚般若经》，可说是日本佛教与神道教融合的最好范例。佛经之前所绘，竟是神道系统的“春日童子”画像，而童子的双手所结，却又是密宗佛教的手印。

无教祖，其主要祭祀场所和活动中心是各地神社。故而，神社也是日本国民精神结合的核心，日本国民的团结统一与其密不可分。日本最重要的三个神社是伊势神宫、明治神宫和靖国神社。伊势神宫，为皇室宗庙，祭祀天照大神。明治神宫，祭祀明治天皇和昭宪皇太后。靖国神社，祭祀明治以来的阵亡官兵。日本主要以民间信仰为中心的神道是：教派神道、民俗神道。今天，日本的神道信徒仍占全国大半之多。日本人在每年的初诣（初次参拜）常举家参拜神社。

通常相扑比赛开始前一天，要由三名穿白袍的裁判主持，为赛场举办一个赛圈仪式。此仪式的用意是：赋予赛场神圣性，并祈求诸神保佑参赛

□ 相扑手在表演传统动作——顿足

选手安全。相扑界官员、仪式公断人和退休相扑力士，届时都会围聚赛场。赛场中心镶嵌着四根柱子，代表四季之神，每根都缀有白纸条。正式进行仪式时，气氛很庄重。首先，裁判员以颇具韵律的声调朗诵咒文，“愿天长地久，四季风调雨顺”；然后，四根柱子被分别移到场地四个角落，在祈福之后，同时将装着干腰果、鱿鱼和海带（象征吉利）的陶盆（未上釉）埋入中央；最后，三组人员列队入场，高举大型漆鼓，绕场地三圈，仪式就结束了。其中的大鼓，会置于赛亭外的竹制平台，以击鼓来表示每日赛事的开始和结束。

运动的衣饰、动作等都和神道息息相关。相扑力士兜裆布上“穗子”与神社用的系带很像；他们的入场仪式、搏斗前后的动作包含祭神之意；他们的拍手动作也表示对神的问候，这与日本人参拜神社时拍手完全一样。另外，撒盐驱污、重脚踏地震慑恶灵，也都是神道仪式。相扑就这样披上了神话外衣。世俗娱乐与神圣宗教，一旦结合在一起，就会对人们散发出无法抵挡的吸引力。观看相扑和参拜神社，对日本人来说，可能本质相同。前者比后者更轻松有趣，或许是它们仅有的区别。相扑技巧简单亲切、易懂易学，比赛速度缓慢。人们观看相扑时，可以和相扑力士融为一体，达到忘我境界，充分体验角力快感。正如许多日本朋友所言，看完相扑像充满了电一样，一整天的紧张疲劳就烟消云散了。

怒放的樱花

日本著名企业家、“经营之神”松下幸之助说：“相扑体现着日本的民族精神，包含着日本人的国民性。”其实，松下不是很喜欢相扑，只是偶然看到了电视上相扑的画面。松下说不出相扑的精华所在，但认为它是一项极好的运动。他被相扑深深地震撼了，因为看到两个结实的力量相互碰撞，然后瞬间决定胜负的场面。从此，他的心里就埋下了一个情结——“瞬间胜负”。是的，一蹴而就取决于锲而不舍的努力挣扎，商场上也是如此，做好眼下的工作，凡事认真准备，才能在未来瞬间决胜。

此外，松下还认为，相扑其实也包含了人生进退的哲学。在相扑比赛中，裁判扮演着必不可少的角色。相扑双方集中精神，只等裁判发号施令，只要此时能稳住，胜负就基本分出来了。哪怕是横纲或大关，当对方攻击时，他若是站不稳，也会陷入苦战甚至惨败。为在比赛中一展身手，取得瞬间胜利，相扑力士们每天一大早就得接受严格训练，学习积累各种攻防技巧。春来樱花迎风怒放，春去则飘落满地。相扑与此现象相似至极。

樱花的足迹，遍布蜿蜒数千公里的日本列岛。日本古谚语云：“花要樱花，人要武士。”此谚意思是：花中第一是樱花，四民第一是武士。可见当时，武士与樱花基本同义。樱花盛放的烂漫，凋零的洒脱，都备受日本人欣赏。樱花是国花，相扑为国技，因为它们的精神实质惊人相似，与日本人不拘常理的民族性格更为相近。

松下在电视上看到相扑手严厉无比的训练方式时，佩服得五体投地。他们有着坚韧的意志，梦想在相扑界成就一番事业。他们苦练数载，只为了片刻辉煌和瞬间胜负。长久经验累积而成一种自觉性，力士们必然都具有这种自觉，即：不畏艰辛，在比赛中瞬间决定胜负。樱花经历夏、秋、冬三季的漫长考验，只为争得一时的生命怒放。这样看来，二者非常相似，都有着厚积薄发的品性。

人生无常，今日飞黄腾达，明日灰飞烟灭。当然，突破重围，走出逆境的例子也比比皆是。就算前途是个未知数，也必须为了未来而奋斗。人一辈子不可能事事如意，只要问心无愧就好。在困难面前，更要勇敢地生存，保持那份信念和希望。人生总是否极泰来，在暴风雨洗礼之后，必定是明媚的艳阳天。正如人们等待樱花春天开放，最需要的就是耐心。不要心存侥幸，幸运决不会降临到漫不经心的人身上。每每想起为争取瞬间胜利，相扑力士不断接受严格训练，松下就认为应该用这种认真态度去铸就人生价值。

□ 樱花盛开的美景　相扑和樱花，都代表着日本独特的文化。

松下认为，不管明天如何，应该全心全意地做好自己现在的事。可能有些人将每天的工作视为任务，对自己的工作没有太大兴趣。比如那些每天机械重复地装配成品，或每天坐在电脑旁，

□ 神社举行的相扑比赛中，相扑手们排队参加典礼　现在，日本的樱花已经种到了白宫的边上，开到了柏林的墙下，日本的相扑也不惜代价地用飞机运往英国和中国香港等地去表演，这是继日本的生意走向世界后的一种文化输出。

□ 东关部屋学员合影

或一家家推销商品的人，可能很少有打心底里热爱他们的工作。

生活应该以事业为中心，这才是对待自己事业的正确态度。如果做着自己不适合的工作，肯定非常痛苦。每个人都希望自己的工作称心如意，尤其是刚入职场的青年人，更是对未来充满各种美丽的憧憬。他们希望工作既有趣味性和挑战性，又能充分发展自己，可是适才又适用的例子少之又少。如果年轻人能全力以赴做好眼下的、不太喜欢的工作，而不是怨天尤人、自暴自弃，就一定能深刻体悟到人的存在意义。在我们身边，必定会有各种棘手的问题。如果能以认真态度全力以赴，成果很快就会回报我们。

相扑备受人们喜爱，有两方面原因。一方面，因为别的体育比赛速度快、技巧复杂，一般人很难窥破其中门道，而相扑亲切、易懂、易模仿。人们观看相扑时，能够达到忘我境界，全身心地投入那种身体冲撞，同相扑手产生比力竞技的共鸣，进而体验角力刺激。看完相扑就像充了电，一天的紧张和疲劳都不见了。更重要的方面是，因为相扑手们进行长期的严格训练，厚积薄发的品质，体现了日本的一种民族性格，正如樱花追求短暂的盛放，随之潇洒飘落的品格。这是松下对年轻人的嘱托：要坚守那种认真的态度来面对人生和事业。

附件 15　手工艺匠师

在日常生活习惯大体已被西化的日本，如果在街上看到一个男人梳着发髻，穿着和服短外褂，肥胖的身躯伴着踢踏踢踏有节奏的木履声，行走在人群中，那一定是以日本传统服饰装扮自己的相扑力士。无论时光如何流逝，相扑力士的这种独特风姿大概是不会被改变的，这离不开为打造这身装束的手工艺匠师们的辛勤劳动。相扑不单单是一种格斗技术，它之所以成为日本的国粹，也离不开那些手工艺匠师们的支持。他们在土俵外运用日本传统手工技术，默默地为相扑力士们服务着。

⊙ 行司装束——高田装束店

相扑界有一种习俗，在关取晋升为大关或横纲级力士后，须向同门的行司赠送一套行司专用的服饰。这套服饰的制作大概需要 3 个月的时间，一般价格在 50 万日元左右。当然，也有一些力士会送给行司价值 150 万日元左右的装束以示感谢。

高田装束店自神官装束时起，经历了 6 代传人一直延续至今，目前店内只有两名学徒。店老板后藤义藏已有将近 56 年制做行司装束的经验。他感慨地说："从明治 43 年（公元 1910 年）至今，行司的服装样式已发生了很大变化。以前上衣和裙裤一直采用一种方领带胸扣的武士礼服的式样，我也恰好是在那种式样流行的时代出生的。那时行司服装的颜色多使用茶色、紫色这些较稳重的颜色，而如今可大不一样了，也许是为了电视转播吧，已开始使用一些人们意想不到的颜色，像鲜红色，时代真是变了……"

高田装束店里的学徒是从学习制作衣服的下摆开始起步的。行司服装使用的布料一般质地较厚，制作时还需要搓纸捻儿。开始时学徒们的食指和大姆指因搓纸捻儿而磨出血泡，还要用这两个手指拿针纫线，在硬邦邦的布料间来回穿梭。最初的血泡破了，逐渐磨成了茧子，但是因茧子太厚，

使手指失去了先前的灵敏度，不得不用剪刀将其剪去。学徒们的技艺就是在这样茧子磨出来被剪去，再磨，再剪的重复动作中逐渐练就的。

每当看到行司们穿着自己亲手缝制的服装，在土俵上挥动军配（行司专用的指挥扇）时，后藤先生总会联想起许多许多，后藤先生的这些回忆也可以说是相扑的另一种历史吧！

⊙ 奖杯复制匠师——歌代靖

位于浅草（东京台东区）的歌代工房室内，狭窄、黑暗的墙壁上悬挂着稻草绳（日本祭神时或新年挂在门前以示祝贺），整个室内弥漫着一种庄严的气氛。以锻造为生的歌代靖先生从18岁起就随父亲学习锻造技术。

为什么会有复制的奖杯呢？这是因为授予优胜力士的“天皇奖杯”在刻上力士的姓名后必须在下次比赛之前送还原处，取而代之的是复制的“天皇奖杯”。力士们拥有的复制奖杯大都是由歌代先生制作的。而且，5年1

□ 相扑冠军“横纲”穿着节日腹带，在典礼开幕式上表演。

次还须将复制的30个奖杯收集在一起送交相扑协会一并保管。这种规定是从昭和27年（公元1952年）枥锦获胜时开始的。

所复制的奖杯必须与天皇所赐的奖杯具有同样的花纹。在银制的可塑性薄金属板上锻造出相同的花纹所需要的技术是歌代先生经过10年的刻苦钻研而得来的，他常说："技艺是通过不懈的努力得来的。作为手工艺匠师是'用心'在打造自己的事业，不'用心'做是什么也成就不了的，懒惰和妥协是匠师最大的敌人。"

⊙ 化妆兜裆布——桥本刺绣店

化妆兜裆布是在举行上俵入场仪式时为让观众认识自己而特意系在腰上的用金线、银线等绣成各式图案的一种装饰性兜裆布。可以说是关取力士们的一种绚烂的装饰品。

化妆兜裆布使用纯丝质地的绸子，是采用博多刺绣工艺制作的豪华奢侈的高档用品，且都为定做品，价格在100万日元左右。一些化妆兜裆布甚至选用了龙的图案，龙的眼睛要用钻石做装饰，这样一条兜裆布大概要1亿日元左右。

化妆兜裆布必须是十两以上的力士才可以穿用。一旦该力士晋升为十两，则该力士所属部屋的后援会和乡村里的后援会会分别赠送一条给他。还有一些是由企业、个人或大阪、名古屋、九州等地区的后援会赠送的。十两力士至少应有两条这样的化妆兜裆布。有的力士拥有20条以上的化妆兜裆布，从这样的一个数字可以表明该力士的受欢迎程度。系什么样的化妆兜裆布由力士自由决定，可是上面的图案却是由赠送人挑选的。图案多种多样，有一流画家的原画造型，也有使用企业标志图案的。

横纲级力士的化妆兜裆布一般是三条为一组，这是因为在举行横纲级力士入土俵仪式时，包括横纲级力士在内还有先导力士、持太刀力士共3

□ 古绘《角力图》

人一同表演，所以必须有3条化妆兜裆布。正式比赛时，力士们系的兜裆布使用的是最好的丝绸，即使系得再紧也不会令皮肤有疼痛感。训练时系的兜裆布分两种颜色，黑色和白色，多为纯棉质地，黑色为幕下以下的力士系用，白色为十两以上即关取们系用，这在前面的介绍中大都提到过。

□ 化妆兜裆布的手艺工人桥本一幸

作为桥本刺绣店的第四代继承人，桥本一幸先生说："每当看相扑比赛时，总能看到力士们系着化妆兜裆布在场内走来走去，其实它的系法依据关取力士的不同也存在很大差异。将化妆兜裆布系得很低的人，那图案就应绣得低一些，系得很高的人，则图案也就要绣得高一些。要根据客户的要求将图案绣在恰当的位置上，

这需要观察每位选手系兜裆布的习惯而确定。”

基本的制作方法是先用画笔将要绣的图案描到厚纸上，将厚纸和布用绷子一同固定好，然后一针一线地完成整个图案的刺绣。刺绣所用的针和线较之平常所用的针和线要粗一些。一般完成一件绣品需要10天左右，而制作这一贵重物品的店铺目前只有桥本刺绣店一家。从第一代传下来的刺绣技术经过第二代一幸先生、第三代贵幸先生，被第四代一幸先生完好地继承下来，伴随着相扑事业的不断发展，必将被后人一代代地传承下去。

□ 第36代横纲相扑选手羽黑山政司的化妆兜裆布

⊙ 浴衣——染物键善

浴衣是日本人夏季穿着的一种较随便的单和服。

染物键善创业于公元1854年。当时在葛区四木桥一带曾经有将近70多间印染店，到如今只剩下染物键善这一家店铺了。掘川末吉是这一传统技术的第四代传人，从其祖父那一代开始就有许多匠师在该印染店工作。一进店就可以闻到那种特殊的染料香气。力士们所穿的浴衣是用一种被称为注染的技术印制而成。先把宽1米左右刻有图案的和纸用柿漆浆洗一下，然后将这一纸样与要印染的布重叠固定好后放入糊状的染料中，薄薄的一层糊状物要与纸样具有相同的厚度，糊状染料的湿度是印染的关键。如果与纸样叠在一起的布料稍有错位，那么整个图案就不能完美无缺地印染上去了。掘川先生说：“要想成为一名优秀的印染师，大概要花费十年的时间。”但目前店内技艺最出色的石井先生却说：“我想这是我一辈子都要付出努

力的一项工作。”

以前的春日野理事长是位传统习俗的守护者，他要求全体力士们必须穿着浴衣。正是基于这一点，掘川先生和店里的匠师们为着相扑的传统和自己的荣誉一直在染房里辛勤地工作着。

⊙ 草屐——冈田屋履物店

冈田屋自创业至今已有100多年的历史，是两国地区最古老且唯一一个保留着履物屋这一招牌的店铺。特别是在相扑赛事开始前，许多力士都来店内定做新草屐。若是外出巡演，则力士们一般会定做2到3双新草屐。每当力士们拿到自己新定做的草屐时，店主冈野耕二先生总会说上几句鼓励的话。

冈田屋履物店并不是按照血统承继，而是靠技术的传授而保存至今，到冈野先生这一代已是第三代传人。

“关取力士们大多夏天穿浴衣，冬天穿羽织，配上我为他们精心制作的草屐，踢踏踢踏的草屐声回响在整条街道上，那是一幅多么美丽的画卷！”冈野先生感叹道，“他们入门时很瘦，过一段时间就更瘦了，只有那些逐渐胖起来的力士才会变得强壮起来。令人不可思议的是相扑力士变得强壮的同时，其脸上的表情却愈发安静、沉着起来。”在相扑史上留下美名的数位力士都曾在这家店里定做过草屐。草屐的式样不断地翻新改进，选用皮革的经验不是几天就可以掌握的。这种纯手工制作的草屐也和其他力士们所穿用的物品一样是很昂贵的东西。

⊙ 传统的布袜子——喜久屋本铺

喜久屋创业250年，在两国地区的店铺也有100年的历史了。该店是从昭和30年（公元1955年）起为宫内厅御用商人制作布袜子开始的。

相扑力士们则一般半年来店里一次，一次性定做自己所需的布袜子。

他们脚的尺寸大部分已被做好记录，保存起来以便下次继续使用，当然中途也有更改尺寸的力士。店主宫内梅治先生制作的布袜子都由自己设计，他说：“横纲力士的脚看上去很小，但其实脚掌很宽，如果脚的形状不能改变，那就不可能变得强大，改变的方法就是日常的训练。”确实，脚的形状可以充分体现关取的姿势。力士们的布袜子翻过来后，脚趾须留一些皱褶，这是用特殊机械经过精湛的缝制技术做成，这也是宫内先生经过多年的研究创造的更适合力士穿用的布袜子。

第七章
坚守与改革

□ 相扑锦绘之大鼓、入场、门前图

第七章

坚守与改革

从20世纪70年代起，相扑开始冲出日本，走向世界。日本相扑代表团遍访几个大洲，在美国、前苏联、中国、英国、法国、墨西哥、巴西等国，都引起了轰动。公元1972年，为表达对华友好，庆祝中日恢复外交，日本相扑代表团来华举行表演赛，受到中国人民的喜爱。相扑走出国门，促进了世界各族人民之间的文化交流和友好往来。为此，人们赋予相扑运动员“裸体大使”的美誉。现在，日本进行了诸多相扑改革，目标是使相扑成为奥运比赛项目之一。随着相扑运动日益国际化，一些外国爱好者慕名远道而来，学习日本的传统技艺。这些外国爱好者来自中国、美国、巴西、阿根廷、萨摩亚岛和东加群岛等地。

“樱花”开遍世界

相扑作为一种独特文化现象，并不只是中日两国特有的，在世界其他民族也有史可考。考古学家就有许多类似发现。在埃及尼罗河，古坟壁画上的全裸的格斗图（约5000年前），是全世界最早的相扑图了；在伊朗古都，古坟中发掘出了4组青铜文物，是相扑人物的造型；在印度，也有类似相扑格斗技法的法典惊现（法华经安乐行品，约2500年前）；在朝鲜、前苏联等国，具有各自民族特色的相扑，也都曾经出现过。因为各种条件限制，这些古老的相扑在各国或隐姓埋名或消失匿迹了。唯有日本相扑迅速发展，并被作为国粹向外传播。

从公元20世纪70年代起，相扑开始冲出日本，走向世界。日本相扑代表团遍访几个大洲，在美国、前苏联、中国、英国、法国、墨西哥、巴西等国，都引起了轰动。公元1972年，为表达对华友好，庆祝中日恢复外交，日本相扑代表团来华举行表演赛，受到中国人民的喜爱。相扑走出国门，促进了世界各族人民之间的文化交流和友好往来。为此，人们赋予相扑运动员 “裸体大使”的美誉。现在，日本进行了诸多相扑改革，目标是使相扑成为奥运比赛项目之一。

随着相扑运动日益国际化，一些外国爱好者慕名远道而来，学习日本的传统技艺。这些外国爱好者来自中国、美国、巴西、阿根廷、萨摩亚岛和东加群岛等地。其中一个相扑高手刘朝惠，身高 1.81 米，体重 175 公斤，腰围 1.56 米，来自中国台湾。当年在日本相扑界，他是个风云人物。他自小就比同龄人强壮很多，体格健硕。自从偶然接触了日本相扑，便对它欲罢不能，发誓在相扑界闯出名堂。公元 1980 年 3 月，刘朝惠怀揣梦想离开家，不辞辛劳来到日本刻苦学习。刚到时，生活相当吃力，学习上由于不懂日语，无法领会导师和前辈的指教与相扑要领，经常会挨重打。他当时还是一个无名小学徒。在这样的艰苦环境下，刘朝惠边坚忍不拔，积极上进，相扑技术和日语都突飞猛进。过了一段时间，他对日语已经能顺利地听、说、译、写了；在力士等级方面，他也终于结束了学徒生涯而逐级晋升，最终

□ 古绘《东海道五十三次之内》 图画中描绘的是相扑力士过河的场景。古往今来，日本相扑运动员社会地位极高，是大众心目中的偶像。

成长为一名相扑高手。晋升后，月薪激增，比当学徒时至少增长了20倍。每年他不但要参加6次（每次15场）正式比赛，还要在四季（春夏秋冬）分赴日本四部（西北东南）参加区域循环表演赛。他的丰厚收入正是来自这些正式比赛和表演赛，每取得一场胜利就可以从行司（裁判）那里得到一个奖金信封，里面大约有2万日元。的确，他当年出尽风头，是名副其实的大人物。

当然，也有许多其他成员也都成了相扑界高手。公元1988年，来自夏威夷的曙进入日本职业相扑界。他突破了生活习惯、语言文化的限制，快速晋升。1993年，作为第一个晋升为横纲的外国人，曙被载入日本相扑史册。还有一位叫武藏丸，是出生在夏威夷的美国人，他成为第二个拥有横纲头衔的外国人。此外，还有一位夏威夷选手——小锦，也曾位列一级力士，

□ 在韩国举办的相扑大赛

□ 土耳其业余相扑手

占据大关（冠军）级别，标志着他进入到自己事业的巅峰期。

日籍美国人高山见，也是一度震惊日本相扑界的外籍选手。高山见，是他的日本艺名。他原名叫杰西·詹姆士·库哈拉，出生于夏威夷。因对相扑运动充满好奇，希望亲身体验，他年纪轻轻就来到日本，开始加入相扑训练的大军。一开始那两年时间里，他吃不消艰苦的训练，对规定食物“大锅菜”更是深恶痛绝。不过，好在他开朗乐观，靠着坚韧的毅力撑了过来，并最终取得了震惊世界的成绩。他在 20 多年的相扑生涯中，任何一场比赛都未缺席过。凭借着骨子里的那份顽强和不懈，他在日本相扑界名声大震，不仅成为数项相扑纪录的创造者和保持者，更得到了日美两国人民的敬仰。公元 1972 年，高山见在名古屋的一次高级比赛（全部 15 场）中，以 13 胜 2 负的战绩捧得帝王杯。最后一场比赛结束后，当时的美国驻日大使亲临名古屋，并带来了尼克松总统的祝贺信。1985 年 2 月，高山见削发隐退，从此专心执教。他培养并成就了许多相扑新秀，成为名副其实的“伯乐”。如他发现了前面提及的相扑高手秋炎，并将其带到日本倾心栽培。高山见的成功，提高了相扑在国际上的声誉。现在，到日本旅游的外国人把观看日本相扑作为一个既定项目，还出现了英文版的相扑杂志和外国相扑俱乐部。

在文化碰撞中坚守

作为日本国技，相扑所承载的传统文化内涵远远大于体育竞技意义，很多外国观众都把它看作象征日本民族性格的一个独特人文景观。据《读卖新闻》民意调查显示：日本人对相扑的喜爱程度与足球并列第三名，仅次于棒球和马拉松。如前横纲贵花田退役时，得到1.3亿日元的高额奖金，这无疑证明了日本国民对他是何等热爱。但是，时下相扑界面临着日益明显的文化碰撞。本来，日本壮汉一直是这个洒满汗水的赛场的主角。但外国选手现在已有取而代之之势，这令怀旧的日本国民伤心失落。

相扑界的特征是：保守传统。它表现在内部人际关系上，最突出的就是等级森严。入门学徒零用钱极少，没有薪水，吃饭、洗澡、睡觉都要在关取（高级选手）之后才可以进行；他们只能睡大杂铺，比赛以外的时间，必须伺候关取，每天还要做做饭扫地的杂活。吕超——来自中国北京，刚到日本时对这种不平等很难接受。至于来自美国、阿根廷、保加利亚等欧美国家的选手，恐怕更是痛恨至极了。这个传统既是日本文化的特点，在某种角度上也是其优势。因为它不仅强调团结和秩序，还激励个人为成为强者而不懈奋斗。对于一个外国人而言，最大的瓶颈就是这个等级规则，

□ 古绘《力士图》　国际相扑联合会成立于公元 1946 年，现有协会会员 75 个。相扑是已有千年历史的日本传统体育项目。国际相扑联合会总部设在东京。

如果挺不过去就只能半途而废。

但现在，令日本相扑界最头疼的是：一旦外国选手晋升为关取，就很容易挤进一级力士行列。横纲是相扑力士的最高级别。获此殊荣者上百年来只有 68 位，而最近的两位分别来自美国和蒙古。外国力士已经包揽了 6 个等级中（到幕内为止）5 个等级的冠军。这实在令日本人汗颜，甚至连票房和收视率都受到影响。

现在，日本相扑界共有 51 名外国选手。其中，摔跤历史悠久的蒙古国就占据了 31 席。此外，还有俄罗斯人 4 名、美国人 3 名和巴西人 3 名。而韩国人春旺，今年虽是第一次参加相扑最高级别赛，却已取得了 10 胜 5 负

的惊人成绩。外国选手虽然总比例不到百分之八，但在成绩上却占据优势。他们的先天身体素质比日本人要好得多，尤其是下肢粗壮有力。对此，相扑界高层已经忧心忡忡：国际化是相扑发展的必然趋势，但如果各级别冠军都被外国人占据，“国技”就名不副实了吧？

一边是外国人纵横相扑界，一边则是（第22届天皇杯得主）日本大力士贵花田黯然退出。下家义久（相扑杂志专栏作家）认为：贵花田的引退，标志着日本人统治相扑的时代结束了。他这样写道：“这确实令人伤心至极，随着相扑的日益国际化，越来越多的蒙古、欧洲、南美选手走进相扑赛场，而且他们的实力不容小觑。”

严格规范的相扑，包含着丰富的日本民族文化。一直以来，有些保守派主张限制外国选手的参加，以便保持相扑的优良传统。公元1964年，来自夏威夷的卡霍卢阿进入相扑界。之后，曙和武藏丸也相继加入，他们也来自夏威夷，并都曾荣膺横纲。

提及外国选手朝青龙的成功，下家义久认为有以下原因。他与日本选手分出胜负的最重要因素是：比别人练得更苦，质量也更高。日本的一些大关（仅次于横纲）级选手魁皇、栃东和千代大海，就因训练质量不高，造成身体超重和伤病频发，他们因伤缺席了很多重大比赛。另外，外国选手走红的主要原因还有：年轻一代的日本相扑手，普遍缺乏老一辈的那种刚强意志和必胜信念。

朝青龙的成功并非偶然。蒙古国内向来对日本大相扑倍加关注。每到日本相扑例行赛季，蒙古国家电视台必定会进行实况转播，而且往往收视飘红。最近一次的赛季（9月8日～22日，共15场）中，朝青龙取得了10胜5负的骄人成绩。在此次比赛中，还有多位蒙古选手也给国民留下了顽强拼博的深刻印象。公元2003年7月底，朝青龙已经成功晋级到大关（仅

次于横纲的第二高级别）。他是第一个晋升为大关的蒙古大力士。在日本相扑史上，他的晋升是最快的。公元2003年8月，举行了他的特别庆贺会，1000多个崇拜者前来祝贺。蒙古国家电视台对此作了实况转播，首都乌兰巴托立即变成了人的海洋。巴特尔（蒙古国家电视台体育部资深记者）表示：为满足喜爱日本相扑的广大观众的需要，电视台不仅转播所有有蒙古大力士参加的日本例行比赛，还会深入报道最新的各种相关讯息。

□ 朝青龙的英姿　公元2003年1月30日，22岁的朝青龙荣升为职业相扑最高级别的“横纲”（相当于总冠军），成为首位蒙古人及第三位非日本人晋级为横纲，日本相扑史上的第68位横纲。

□ 朝青龙举起著名相扑手琴光喜的儿子　朝青龙被蒙古国视为民族英雄。曾在蒙古国《人民权力报》的年度人物首度评选中，从各界人物中脱颖而出，当选2004年度人物，被认为在蒙古国历史上产生了重大影响。

目前，日本拥有700名职业相扑手。外国相扑手从约35年前就已经进入日本相扑

界。最近几年，蒙古大力士人数倍增。在来自 10 个国家的外国大力士中，蒙古人就占了一半。石久山，蒙古籍的日本相扑手，把日本相扑传入蒙古。他原是蒙古著名的相扑和摔跤运动员，后被日本引进。现在，他已跻身日本相扑界前 40 名。他还担任蒙古相扑协会会长，翻译出版了大量专著（关于日本相扑规则等），为相扑在蒙古的普及做出巨大贡献。他指出：蒙古人口不多，却拥有 4000 多个相扑爱好者，仅乌兰巴托就有 500 多个儿童在练习。时下，蒙古人对于日本相扑的热情比对蒙古相扑更高，蒙古孩子们都梦想将来成为一名日本大力士。

相映成趣的是，想成为大力士的日本孩子却日益减少。艰苦的训练、严谨的生活纪律和森严的等级制度，是造成这一现象的最主要原因。随着日本进入相扑界的孩子逐渐减少，外国少年便成了炙手可热的人才来源。但同时，日本相扑界又特意修改了相关规定，以便限制外来力士的数量。过去，每个相扑俱乐部可以加入两个外国力士，但自去年起就只能加入一人了，挑选条件自然极为苛刻。然而，蒙古孩子身体素质好且更能吃苦，和养尊处优的日本孩子相比，更受日本教练肯定。

钢铁力士

公元1925年，日本相扑协会成立。相扑的历史可追溯至1500多年以前。它起源于日本古代预卜丰收的传统仪式，经过不断发展演变，至今仍对日本人的生活有着深刻影响。近年来，机器人技术的进步与科普活动的发展，使机器人技术和相扑运动相结合。自此，机器人相扑活动兴起。

公元1990年3月，由于热衷于相扑运动，富士软件株式会社主办了第一届机器人相扑大会。会社的野泽宏社长，只是把这届大会作为庆祝公司创立20周年的一个庆典来操作。但是这届大会办得很成功。此外，大会得到了教育界、科技界的积极参与和有力支持。大会各种章程又经过进一步修订和完善，最终成为日本常设比赛项目。同年12月，第二届机器人相扑大会也顺利举行。自公元1991年起，规定为每年的12月举行一届大会。

相扑机器人比赛的竞技过程实际上是两个较量。一个是机器人之间体能的较量，另一个则是机器人双方技能和智能的较量，后者更重要。每个参赛者必须亲自创制机器人参加竞技。机器人要求是全自主智能的，要具有超强的记忆能力、丰富的比赛经验和很强的思维能力。它还必须能应对各种瞬息万变的突发状况，及时有效地采取正确的处理措施，并确定自己

□ 九重部屋人员名册 “部屋”作为相扑选手的培养机构在相扑运动中占有重要的地位。

的攻防策略。大赛气氛紧张刺激，激发了社会各界支持和参与的积极性。公元 1990 年至今，相扑机器人大赛已经成功举办了多届。目前，大赛在规模、参赛队伍和技术含量各方面均有突破，参赛机器人已破千台大关。如今，大赛已经成为世界上规模最大的机器人竞技活动之一。

不久前，在美国旧金山举行了一场全世界最轻量级的对抗赛。比赛中，10 个日本机器人相扑选手与美国对手展开了一场智能角力。规则很简单：谁先把对手逼出圈，谁就是胜利者。根据场上具体情况，每个机器人都能自己调整对策。比赛还严格划分重量级别。其中，500 克左右体重属于轻量级选手，近 3 千克就属于常规选手了。

机器人相扑比赛的规则与人类相扑运动有所不同。它要求：机器人的体重不能超过 3 千克，长和宽不得超过 20 厘米。而人类相扑比赛对运动员的体重和身高都没有严格限制。尽管机器人的身高没有明确限制，但实际参赛者的身高均不高。一方面是碍于体重限制，另一方面是为了压低重心和增强稳定性。

相扑机器人比赛的场地是一个圆形台面。它高 0.05 米，直径为 1.54 米。台面上用黑色硬质橡胶敷上一层，边缘涂上 0.05 米宽的白色线。比赛场地以黑白两色组成，这种光电传感器成本低，也便于相扑机器人识别边界。相扑机器人系统扩展的灵活性较差，原因是它采用了整体式的设计结构。为了更适应比赛，按照模块化原则设计为全自主开发式。这种相扑机器人采用双轮驱动方式（采用带齿轮减速器的直流电机控制，并配有光电码盘进行位置检测）。它由电池供电，共分为 11 个模块。它由机器人脑（CPU 模块）、机器人眼（探边传感器、对手测距传感器、肢体感应传感器）和机器人腿（电机及驱动反馈单元）等部分构成。

制作者对相扑机器人的控制策略是：实时机器人规划系统。相扑机器人比赛的决胜关键是：快速反应能力。也就是说，规划系统必须有更快的速度、更强的控制力和更准确快速的信息处理能力。实时专家系统技术的采用，极大地改善了相扑机器人的素质，促成了专家的智能、分析能力、判断能力与计算机的速度、精确性的完美结合。在比赛中，相扑机器人经常相互碰撞，因而其速度和运动方向极不确定。这就需要实时专家系统采集数据信息，对双方机器人的状态进行分析，并及时制定策略。在几微秒内，实时专家系统就能对检测到的外部信息进行及时处理。它还能预测未来行为，诊断问题，制定校正规划，监控规划执行，并确保万无一失。

超声波传感器、触觉传感器等，是相扑机器人比赛的常用传感器。这种比赛形式适应了当时的经济技术发展水平，降低了机器人整机成本。由于费用较低，所以发展迅猛。到了公元 1993 年的第四届相扑大会，参赛机

器人已超千台。竞技过程是双方机器人的直接较量，因而比赛气氛异常紧张激烈。机器人相扑更易引起参赛者和观众的兴趣，更具观赏性和竞技性。

□ 在比赛开始前，相扑手们低头行礼

此外，在机器人相扑大会上，机器人分为两种规格分别进行比赛。这两种规格是:“自立型”和“无线电遥控型”。这两种机器人实际上并无根本区别，只是操作方法稍有差异。两种比赛均采用淘汰制，在3分钟内先获得2分者算胜方。

□ 表演前，相扑手琴光喜怀抱自己的儿子

机器人相扑比赛中，由于规则相对宽松，参赛者有更大空间施展技艺。例如，为赢得胜利，防止被对手推下比赛台面，有的相扑机器人在必要时将底部吸附在场地上，并靠这种策略最终成功。

机器人相扑，是由人类相扑运动发展而来的。因此，在标准规则的制定上，难免会受到人类相扑运动的各种影响。比如，机器人相扑比赛的圆形场地的直径是154厘米，这个数字源自千代富士。千代富士，是当时的横纲级相扑选手，他的体重与身高之和除以2得到的就是154。现在，他已经退役（获得过30多次优胜的著名“横纲”）。之前在役的两位“横纲”

是："贵花田"和"曙"。贵花田是典型的日本本土相扑选手；曙是来自美国夏威夷、在日本训练比赛的选手。相扑运动对重量级别无严格限制，因此，外国选手在身高和体重上往往比日本选手更具优势。"小锦"、"曙"、武藏丸、朝青龙这些国外优秀选手的喧宾夺主，已经给日本国技的发展带来了不小的冲击。

一项运动先在一国兴盛，而后波及其他国家，这种现象一点也不稀奇。日本相扑选手经常出国表演，受到许多外国人的欢迎，况且外国选手在相扑运动方面确实具有一定的先天优势。那么，相扑运动能走出国门，成为一个世界性的体育运动吗？一些学者认为这不大可能。他们认为：相扑运动存在着训练方式、文化传统、风俗习惯等诸多限制，很难得到其他国家的广泛认可。

和人类的相扑运动相反，机器人相扑受上述因素的限制较少。同时，相扑机器人易制作、易普及。原因是每个比赛方只有一台机器人参赛，只需消耗较低的整机成本。

"机器人相扑"或许能在世界范围内普及。其原因有二：一是由于机器人相扑活动自身的特点，二是21世纪机器人技术快速发展和机器人产业日益壮大。与"机器人相扑"类似的形式还有："机器人摔跤"、"机器人武术"、"机器人柔道"、"机器人拳击"、"机器人散打"等。在许多观赏性比赛中，机器人选手取代人类相扑选手的时代即将来临。

□ 机器人大赛　在日本召开的多届机器人大赛中，来自日本的多家厂商、大学以及坊间带来了最新的机器人技术。比赛的规则很简单，机器人必须是具有四肢的类人机器，通过肢体间的接触打到对方，或是将对方扑出圈外，最后留在场中的机器人为胜者。和日本传统的相扑竞技相似。

日本是当今世界生产机器人最多的国家，被誉为“机器人王国”。日本拥有庞大的专业队伍（生产和研制机器人），制造的机器人超过了世界总量的1/2。一些研究机器人成就卓越的人，幼年就痴迷“铁臂阿童木”等科普读物。他们在提及自己当年的专业选择时，都不约而同地与这个幼年爱好的影响相联系。日本科普作家笔下的“铁臂阿童木”、“机器猫”等机器人卡通形象深入人心，确实成为很多人在科普方面的启蒙者。近来，机器人相扑、机器人足球等运动开展得如火如荼。这使日本青少年能够更为直接地学习和了解机器人技术。这对培养未来的机器人专业技术人才也将发挥不容小觑的作用。

附件 16 乌克兰相扑女星

乌克兰的基辅迪纳摩女子足球队在足坛没取得什么成就，倒是出了一名相扑明星。前锋乔娃丽尼在波兰举行的欧洲相扑冠军赛上一举折桂，2个月后又在巴西的世锦赛上夺冠。

传统的相扑运动原本没有女子选手，那些献身职业相扑比赛的男子由于身体太胖，也不会从事第二职业。但现在，几乎每名业余相扑爱好者都知道一位名叫乔娃丽尼的乌克兰女郎。乔娃丽尼是真正的业余选手，她还在乌克兰的基辅迪纳摩某看守所任职，相扑仅是她的“第三职业”，但由于世界范围内的相扑比赛很多，通过参赛，乔娃丽尼仍能挣得大笔奖金，赢得无数荣誉，拥有大量崇拜者。

乔娃丽尼17岁进了足球队，因一次偶然的机会接触了一位柔道训练师，便试着练起了柔道。开始时是偷着练，连足球教练都不知道。直到有一天，教练在她过生日那天送礼物来时，才发现她已在一项柔道赛上夺得了冠军。一年半之后，她又夺得了乌克兰共和国和俄罗斯联邦的双重冠军。公元1998年她去日本比赛，组织者为来宾们安排了一场相扑表演赛，乔娃丽尼一下子就迷上了相扑。她本来就对日本很有兴趣，也听说过很多相扑运动员的故事，乔娃丽尼便把本不丰厚的收入攒了起来，只身背上一个简单的旅行包，

□ 女子相扑大赛　公元2009年，中国台湾省高雄市举行了第五届世界女子相扑大赛。这项日本的国粹运动虽然不是奥运项目，却吸引了世界各地超过4700名力士参加。比赛中，俄罗斯选手安娜一只手就把日本选手悬空提了起来，力量惊人。本次比赛的冠军也同样来自俄罗斯，亚军则被英国女力士获得。

一次又一次地来到日本，全心练习相扑。

“我爱这项近乎疯狂的运动，也爱从事这项运动的那些巨人们。他们是如此强壮，如此高大，但却又非常灵活，精神上和身体上都体现着阳刚之美。”乔娃丽尼回忆说。当她获准与相扑“第一次亲密接触”时，高兴得跳了起来。

相扑运动员一般体重超常，但乔娃丽尼认为，体重不是最重要的，要想在比赛中取胜，最重要的当是不屈的竞争精神，其次是技巧，然后才是体重。公元1999年，身高1.85米的乔娃丽尼就被邀请到莫斯科参加正规训练，由于踢足球和学柔道时练就了良好的平衡力和柔韧性，相扑技巧上升很快，在莫斯科训练仅2个月便夺得1999年的德国冠军赛冠军，后来又夺得世锦赛冠军。世锦赛结束后，乔娃丽尼觉得气温高达30摄氏度的圣保罗比寒冷的莫斯科更适合训练，就暂时在那儿待了下来。而且，巴西有很多相扑爱好者，她已成为当地的知名人物了。